Das Sechsfarben-Denken

ECON Lebenshorizonte

Edward de Bono

Das
Sechsfarben-Denken

Ein neues Trainingsmodell

ETB
ECON Taschenbuch Verlag

CIP-Titelaufnahme der Deutschen Bibliothek

DeBono, Edward:
Das Sechsfarben-Denken: ein neues Trainingsmodell /
Edward de Bono. – Düsseldorf: ECON-Taschenbuch-Verl., 1989
(ETB; 23013: Lebenshorizonte)
Einheitssacht.: Six thinking hats < dt. >
ISBN 3-612-23013-1
NE: GT

Lizenzausgabe

© ECON Taschenbuch Verlag GmbH, Düsseldorf
Mai 1989
© 1987 by ECON Verlag GmbH, Düsseldorf, Wien, New York
Umschlaggestaltung: Ludwig Kaiser
Druck und Bindearbeiten: Ebner Ulm
Printed in Germany
ISBN 3-612-23013-1

Inhalt

Vorwort

*Kann man die Effektivität seines Denkens wirklich
verändern?*

Im Januar 1985 wählte das amerikanische Magazin »Time«
jene Person zum »Mann des Jahres«, die letztlich für die
überaus erfolgreichen Olympischen Spiele in Los Angeles
verantwortlich war: Peter Ueberroth. Üblicherweise enden
solche Spiele mit einem Verlust von Hunderten von Millionen Dollar. Aber obwohl die Stadt Los Angeles beschlossen
hatte, keine kommunalen Gelder für die Spiele bereitzu-
stellen, erbrachte die Olympiade von 1984 einen Über-
schuß von 250 Millionen Dollar. Der außergewöhnliche
Erfolg beruhte in hohem Maße auf neuen Vorstellungen
und Ideen, die mit straffer Führung und Effektivität in die
Tat umgesetzt wurden.

Was für eine Art von Denken war nötig, um diese neuen
Vorstellungen zu entwickeln?

In einem Interview mit der »Washington Post« vom
30. September 1984 erklärt Peter Ueberroth, wie er laterales Denken einsetzt, um zu neuen Vorstellungen zu gelangen. Laterales Denken ist eine Technik, die ich vor vielen
Jahren entwickelt und über die ich viele Bücher geschrieben habe. Peter Ueberroth war bei einem *einstündigen*

Vortrag gewesen, den ich *neun Jahre zuvor* vor der »Young Presidents' Organisation« gehalten hatte.

Es gibt Hunderte von anderen Beispielen für die machtvolle Wirkung einer bewußt eingesetzten Denk-Technik. Ich kann die Techniken nur entwickeln und vorstellen, und es liegt dann bei Leuten wie Herrn Ueberroth, diese Techniken aufzugreifen und anzuwenden.

Denken ist die höchste menschliche Gabe, doch wir können mit unserer wichtigsten Fähigkeit niemals zufrieden sein. Ganz egal, wie gut wir werden, wir sollten immer danach streben, besser zu sein. Gemeinhin sind die einzigen Leute, die mit ihrem Denkvermögen höchst zufrieden sind, jene kümmerlichen Denker, die da glauben, der Zweck des Denkens bestehe darin, zu beweisen, daß man recht hat – zur eigenen Zufriedenheit. Wenn wir nur eine beschränkte Vorstellung davon haben, was das Denken kann, dann mag Selbstgefälligkeit auf diesem Gebiet am Platz sein, sonst jedoch nicht.

Die Hauptschwierigkeit beim Denken ist das Durcheinander. Wir versuchen, zuviel auf einmal zu tun. Gefühle, Informationen, Logik, Hoffnung und Kreativität – das alles bestürmt uns. Es ist, als jonglierte man mit zu vielen Bällen.

Was ich in diesem Buch zur Diskussion stelle, ist eine ganz einfache Idee, die es dem Denker ermöglicht, immer nur eine Sache auf einmal zu tun. Er wird befähigt, Emotion von Logik zu trennen, Kreativität von Information usw. Die Idee ist die von dem »Sechsfarbendenken«, dargestellt mit den sechs Denk-Hüten. Das Aufsetzen eines jeden Hutes definiert eine bestimmte Art des Denkens. In meinem Buch beschreibe ich Wesen und Beitrag jedes einzelnen Denktypus'.

Die sechs Denk-Hüte ermöglichen es uns, unser Denken so zu dirigieren wie ein Dirigent sein Orchester: Wir können aufrufen, was wir wollen. Gleichermaßen ist es bei jeder Art von Sitzung sehr nützlich, die Leute dazu zu bringen, daß sie ihre normalen Denkbahnen verlassen und über das anstehende Problem auf andere Weise nachdenken.

Es ist die schiere *Zweckdienlichkeit* der sechs Denk-Hüte, die den hauptsächlichen Wert dieser Idee ausmacht.

Edward de Bono

1. Kapitel
So tun als ob
Wenn Sie so tun, als wären Sie ein Denker,
dann werden Sie einer

Ich glaube, daß sich eines der beiden Originale von Rodins
»Der Denker« auf dem Platz vor dem Parlamentsgebäude
von Buenos Aires befindet. So sagte mir wenigstens meine
Fremdenführerin, als sie auf den zu unsterblicher Bronze
erstarrten so geschäftig Denkenden hinwies.

Als *Tatsache* mag das aus verschiedenen Gründen falsch
sein. Es ist vielleicht kein Original. Es gibt vielleicht keine
zwei Originale. Die Fremdenführerin könnte sich geirrt
haben. Die Skulptur steht vielleicht gar nicht auf dem Platz
vor dem Parlamentsgebäude. Meine Erinnerung mag mich
trügen. Warum sollte ich also etwas behaupten, was als
Faktum nicht wirklich gesichert ist? Dafür gibt es viele
Gründe.

Ein Grund ist, daß ich an späterer Stelle auf den Gebrauch von Fakten besonders eingehen werde. Ein anderer
Grund ist, daß ich die Leute provozieren will, die meinen,
Fakten seien wichtiger als ihr Gebrauch. Ein weiterer Grund
ist, daß der Leser sich die berühmte Denkerfigur vor Augen führen soll, wo immer sie nun steht. Der wahre Grund
ist, daß ich dieses Buch im Flugzeug auf einer Reise von

13

London nach Kuala Lumpur, der Hauptstadt Malaysias, geschrieben habe. Jedenfalls habe ich ja auch die Worte »ich glaube« benutzt, die aussagen, daß ich etwas annehme und nicht dogmatisch als Tatsache behaupte. Wir müssen oft darauf hinweisen, *wie etwas vorgebracht* wird. Darum geht es in diesem Buch.

Ich möchte, daß Sie sich das viel benutzte – und überstrapazierte – Bild von Rodins »Denker« vorstellen. Ich möchte, daß Sie sich jene Haltung mit dem auf die Hand gestützten Kinn vorstellen, in die angeblich jeder Denker verfällt, der es nur ein wenig ernst meint. Allerdings glaube ich, daß Denken etwas Aktives, Lebendiges sein sollte und nicht düster und feierlich. Aber für den Augenblick ist das traditionelle Bild nützlich.

Nehmen Sie jene Haltung ein, physisch, nicht nur in der Vorstellung – und Sie werden ein Denker. Wieso? Weil Sie, wenn Sie so tun, als wären Sie ein Denker, auch einer werden.

Die Tibetaner beten, indem sie ihre Gebetsmühlen drehen, die mit den Gebeten beschriftet sind. Die rotierenden Behälter senden die Gebete in Spiralen empor in den göttlichen Raum. Ja, wenn die Zylinder ordentlich austariert sind, kann ein Assistent ein Dutzend Mühlen am Drehen halten wie bei dem Zirkusakt, bei dem kreisende Teller auf langen Stöcken balanciert werden. Vielleicht darf der Tibetaner an etwas ganz anderes als an das Beten denken, während er die Gebetsmühle dreht. Was zählt, ist eher die Absicht, zu beten, als die emotionalen oder spirituellen Erregungszustände, die sich viele Christen abverlangen. Es gibt eine andere christliche Sicht, die der tibetanischen viel näherkommt: routinemäßig zu beten, selbst wenn man emotional nicht bei der Sache ist. Nach und nach wird sich das Gefühl einstellen. Genau das meine ich, wenn ich Sie auffordere, so zu tun, als wären Sie ein Denker.

Nehmen Sie die Haltung eines Denkers ein. Tun Sie so

als ob. Fassen Sie den Vorsatz und machen Sie ihn sich selbst und anderen deutlich. Sehr bald schon wird Ihr Gehirn der Rolle, die Sie spielen, folgen. Wenn Sie die Rolle eines Denkers spielen, werden Sie wirklich einer werden. Dieses Buch gibt Ihnen die verschiedenen Rollen für Ihr Rollenspiel an die Hand.

2. Kapitel
Einen Hut aufsetzen
Ein wohlüberlegter Akt

An Fotografien von Menschenansammlungen, die vor mehr als vierzig Jahren gemacht worden sind, fällt zunächst auf, daß *jeder* einen Hut trägt. Bilder in Zeitungen und alte Filme belegen die damalige enorme Verbreitung des Hutes.

Heutzutage ist ein Hut eine Seltenheit, besonders unter Männern. Heute dienen Hüte weitgehend dazu, eine Rolle zu definieren. Hüte werden als Teil einer Uniform getragen, die ihrerseits eine Rolle definiert.

Von einem rechthaberischen Ehemann, der seiner Familie Befehle erteilt, könnte gesagt werden, er trüge einen »Schuldirektoren-Hut« oder seinen »Chef-Hut«. Eine leitende Angestellte mag zwischen den beiden Rollen, die sie spielt, unterscheiden, indem sie ihren Zuhörern jeweils sagt, sie trage einen »Angestellten-Hut« oder einen »Hausfrauen-Hut«. Frau Thatcher, die englische Premierministerin, behauptet zuweilen, sie führe die Regierungsgeschäfte mit der Umsicht und Sparsamkeit einer Hausfrau.

Genauso althergebracht ist im Englischen die Vorstellung eines »Denk-Hutes« (»thinking hat«) oder einer »Denk-Mütze« (»thinking cap«).

(».. . I'll have to put on my thinking hat and consider your new proposal« bedeutet: Ich muß über Ihren neuen Vorschlag sehr genau nachdenken.)

(».. . Put on your thinking cap and phone me tomorrow« hieße: Denk mal scharf darüber nach, und ruf mich morgen an.)

Ich habe mir diesen »Denk-Hut« immer als eine Art schlaff herunterhängende Nachtmütze mit einer Quaste vorgestellt, etwa wie eine Narrenkappe, aber ohne die steife Arroganz, die das einzige wirklich untrügliche Kennzeichen der Dummheit ist.

Die Leute setzen freiwillig ihre eigenen »Denk-Hüte« auf oder fordern andere auf, dies zu tun.

Das ganz bewußte *Aufsetzen* eines Hutes hat etwas sehr Unmißverständliches.

Wenn in früheren Zeiten das Kindermädchen den Hut aufsetzte, dann war das ein unmißverständliches Zeichen, daß sie – mit den Kindern – ausgehen würde. Da gab es keine Widerrede. Das Signal war endgültig. Wenn ein Polizist seine Mütze aufsetzt, signalisiert dies eindeutig Pflicht und ihre Erfüllung, und Soldaten ohne Mützen wirken niemals ganz so ernst oder bedrohlich wie Soldaten mit Mützen.

Es ist schade, daß es keine echten Denk-Hüte gibt, die man in einem Laden kaufen kann. Früher gab es in manchen Ländern Studentenmützen, so eine Art Gelehrtenbarett. Aber Gelehrsamkeit und Denken sind selten dasselbe. Gelehrte sind zu sehr damit beschäftigt, etwas über das Denken anderer in Erfahrung zu bringen, um selber zu denken.

Überlegen Sie einmal, wie nützlich ein echter Denkerhut wäre!

– »Stören Sie mich nicht. Sehen Sie nicht, daß ich denke?«
– »Ich breche jetzt die Diskussion ab, so daß wir alle unsere Denk-Hüte aufsetzen können, um die Sache noch einmal konzentriert zu durchdenken.«

- »Ich möchte, daß Sie darüber sofort nachdenken. Setzen Sie also bitte Ihre Denk-Hüte auf.«
- »Ich möchte, daß Sie diesen Plan noch einmal überdenken. Setzen Sie Ihre Denk-Hüte wieder auf.«
- »Sie bezahlen mich fürs Denken. Hier sitze ich also und denke. Je besser Sie bezahlen, desto besser denke ich.«
- »Wie wäre es, wenn Sie einmal bewußt darüber nachdächten? Bisher haben Sie nur reflexartige Reaktionen gezeigt. Setzen Sie Ihre Denk-Hüte auf.«
- »Denken ist keine Entschuldigung für Nichthandeln, sondern ermöglicht besseres Handeln. Also handeln wir.«

Diese Vorstellung, daß jemand wirklich und wahrhaftig einen Denk-Hut trägt, könnte einem zu jenem ruhigen, distanzierten Geisteszustand verhelfen, der für jede Art von Denken nötig ist, das mehr sein soll als bloßes Reagieren auf eine Situation. Vielleicht könnten gewissenhafte Denker fünf Minuten am Tag für das bewußte Tragen des Denk-Hutes einplanen, je nachdem ob Sie glauben, daß man Sie fürs Denken bezahlt, oder dafür, daß Sie dem Denken anderer folgen?

Ich möchte mich auf das *bewußte Denken* konzentrieren. Das ist der Zweck des Denk-Hutes: Sie setzen ihn bewußt auf.

Da gibt es zunächst das alltägliche Denken, das so selbstverständlich ist wie das Atmen und das wir die ganze Zeit tun: Wir beantworten das Telefon; wir überqueren die Straße; wir folgen einer bestimmten Routine; wir müssen uns nicht bewußt machen, welcher Fuß beim Gehen welchem folgt oder wie wir es schaffen, zu atmen. Diese Art von fortlaufendem, automatischem Denken bildet einen konstanten Hintergrund. Doch dann gibt es eine andere Art von Denken, das viel bewußter und schärfer eingestellt ist. Das Hintergrunddenken ist für die Alltags*bewältigung* da. Das bewußte Denken leistet mehr als nur das. Jeder kann laufen, aber ein Leichtathlet läuft bewußt und trainiert bewußt für diesen Zweck.

Es ist nicht einfach, uns selbst zu signalisieren, daß wir jetzt von dieser Art Routine- oder Bewältigungsdenken zum bewußten Denken überwechseln wollen. Deshalb wird die Redewendung vom Denk-Hut zu einem definitiven Signal für uns oder andere.

Wir wollen nun diese beiden Arten zu denken gegenüberstellen: das bewältigende und das bewußte Denken.

Wenn Sie Auto fahren, müssen Sie Straßen wählen und ihnen folgen und dem anderen Verkehr ausweichen. Es herrscht eine Menge Augenblicksaktivität, diktiert vom letzten Augenblick und dem nächsten. Sie halten nach Signalen Ausschau und reagieren auf sie. Das ist *reaktives Denken*. Das alltägliche Denken ähnelt also sehr dem Fahren auf einer Straße. Sie lesen Wegweiser und treffen Entscheidungen, aber Sie fertigen nicht die Karte an.

Die andere Art des Denkens hat etwas mit dem Anfertigen einer Karte zu tun. Sie erforschen den Gegenstand und zeichnen eine Karte. Sie fertigen die Karte auf eine objektive und neutrale Weise an. Dazu brauchen Sie eine weite Perspektive. Das ist ganz etwas anderes, als einfach nur auf Wegweiser zu reagieren, wenn sie auftauchen. Dieser Gegensatz wird am folgenden Beispiel deutlich.

Stellen Sie sich vor, Sie versuchen, in einer Auseinandersetzung zu gewinnen. Sie legen Ihre Auffassung dar und ziehen alles heran, was für sie spricht. Sie hören sich die Argumente Ihres Gegners nur an, um sie anzugreifen und ihre Schwächen aufzudecken. Von Augenblick zu Augenblick greifen Sie an oder Sie verteidigen. Jede Seite reagiert auf die andere. – Stellen Sie dem gegenüber, wie Sie vorgehen, wenn Sie eine Karte anfertigen.

Ich betreue ein Programm für Schulen, das das Denkenlernen zum Gegenstand hat. Es ist das CoRT *(Cognitive Research Trust)*-Programm, das inzwischen von mehreren

Millionen Schulkindern in den verschiedensten Ländern benutzt wird. Die erste Lektion heißt PMI. Anstatt einfach nur auf eine Situation zu *reagieren,* fertigen die Schüler eine einfache Karte an, und zwar indem der Schüler oder die Schülerin zuerst in die »Plus«-Richtung schaut und niederschreibt, was dort zu finden ist, dann in die »Minus«-Richtung und schließlich in die »Interessant«-Richtung (für all das, was erwähnenswert ist, aber weder zu »Plus« noch zu »Minus« paßt). Jetzt ist die Karte fertig. Der Denker wählt seine Route.

Ein Mädchen formulierte es sehr passend. Es sagte: »Ich dachte, das Anfertigen eines PMI sei etwas Albernes und Künstliches, weil ich ja wußte, was ich dachte. Aber nach dem PMI erkannte ich, daß meine Meinung durch das, was ich selbst hingeschrieben hatte, geändert worden war.«

Es geht darum, die Aufmerksamkeit zu lenken und eine Methode dafür zu haben.

- Im australischen Sydney war eine Klasse von dreißig Jungen einstimmig dafür, daß man ihnen für den Schulbesuch fünf Dollar die Woche zahlen sollte. Nachdem sie ein PMI durchgeführt hatten – und das ganz ohne Einflußnahme des Lehrers –, änderten 29 Jungen ihre Meinung und fanden, dies sei keine gute Idee.

- Ein Geschäftsmann, der sich monatelang mit Vertretern einer großen Ölgesellschaft auseinandergesetzt hatte, ohne eine Einigung zu erzielen, forderte alle seine Gesprächspartner schließlich dazu auf, bei ihrem nächsten Zusammentreffen ein PMI durchzuführen. Er erzählte mir, daß das Problem innerhalb von zwanzig Minuten gelöst war. Nachdem die »Karte« erst einmal angelegt war, konnte eine Route gewählt werden.

- Eine Frau, die zwei Jahre lang geplant hatte, von Kalifornien nach Arizona zu ziehen, führte mit ihren beiden Söhnen ein PMI durch. Am Ende dieser kurzen Übung wurde der Umzug abgesagt.

– Einer der größten Erfinder der Welt, Paul MacCready (der Erfinder des Fliegens mit Menschenkraft), sah sich Schwierigkeiten mit der Bürokratie ausgesetzt. Sein Sohn riet ihm zu einem PMI, was ihm zu seinem nächsten Schachzug verhalf.

Dieser »Kartenanfertigungstypus« des Denkens bedarf einer gewissen Distanziertheit. Die Art des Denkens, die zur Alltagsbewältigung dient, kann hier nicht angewendet werden. Ja, diese reaktive Art des Denkens kann nur funktionieren, wenn es etwas gibt, worauf sie reagieren *kann*. Das ist der Grund, warum die Vorstellung vom kritischen Denken als der vollkommenen Form des Denkens sehr gefährlich sein kann. Es gibt die törichte, weil auf einer Fehlinterpretation der griechischen Denker beruhende Annahme, das Denken basiere auf dem Dialog und dem dialektischen Argumentieren. Dieser Glaube hat dem abendländischen Denken großen Schaden zugefügt.

Die westliche Angewohnheit der Argumentation und der Dialektik ist unzulänglich, weil sie das Generative und Kreative ausläßt. Kritisches Denken ist gut und schön, wenn es heißt, auf Vorgegebenes zu reagieren, kann aber keine Vorschläge entwickeln.

Schüler sind dauernd damit befaßt, auf Vorgegebenes zu reagieren: Lehrbuchmaterial, Lehrerkommentare, Fernsehserien usw. Aber sobald sie von der Schule abgehen, müssen sie sehr viel mehr tun, als einfach nur zu reagieren. Da sind dann Initiative und Pläne und Handeln gefragt. Aus reaktivem Denken wird all das nicht entstehen.

Als Terminus für dieses »Handlungs-Denken« habe ich das Wort »operacy« erfunden. Es steht für die Fertigkeit des Tuns – und des Denkens, das damit einhergeht. Das Wort »operacy« soll absichtlich so klingen wie »literacy« (die Kenntnis des Lesens und Schreibens) und »numeracy« (Rechenkenntnis), weil ich fest davon überzeugt bin, daß das Denkenlernen als grundlegender Bestandteil der

Erziehung gleichwertig neben dem Lesen- und Schreiben-lernen und dem Rechnenlernen stehen sollte. In der Tat befaßt sich der CoRT-Denkunterricht mit »operacy«-Den-ken (Handlungsbefähigungs-Denken): Ziele setzen, Priori-täten festlegen, Alternativen finden usw.

Wenn wir nicht einfach nur auf das reagieren wollen, was vor uns ist, dann müssen wir eine Methode haben, die Aufmerksamkeit zu lenken. PMI ist eine der CoRT-Metho-den, um das zu erreichen. Hier in diesem Buch sehen wir uns eine andere an.

Wenn eine mehrfarbige Karte gedruckt wird, werden die Farben getrennt. Zuerst wird eine Farbe auf das Papier aufgetragen, dann eine zweite darübergedruckt. Dann folgt die nächste und so weiter, bis schließlich eine komplette mehrfarbige Karte entstanden ist.

In diesem Buch entsprechen die sechs Denk-Hüte den verschiedenen Farben, die beim Kartendruck verwendet werden. Das ist die Methode, mit der ich Aufmerksamkeit zu lenken beabsichtige. Es geht also nicht nur darum, einen Denk-Hut aufzusetzen, sondern auch darum, zu entschei-den, welche *Farbe* mein Hut haben soll.

3. Kapitel
Absicht und Durchführung
Eine greifbare Methode

Ich möchte noch einmal auf die Unterscheidung von *Absicht* und *Durchführung* zurückkommen, da so viele Leute eine falsche Vorstellung davon haben.

Ich habe gesagt, daß Sie, wenn Sie so tun, als ob Sie ein Denker wären – indem Sie etwa Ihren Denk-Hut aufsetzen –, schließlich zu einem Denker werden. Ihr So-tun-als-ob wird echt.

Ich scheine zu behaupten, daß Ihre Absicht, ein Denker zu werden, bereits die Verwirklichung zur Folge hat.

Viele Leute werden jetzt eilends auf die Absurdität einer solchen Behauptung hinweisen. Lassen Sie es mich deshalb an ihrer Stelle tun. Wird allein Ihre Absicht, ein Gewichtheber zu werden, schon ausreichen, um die Gewichte heben zu können? Wird Ihre Absicht, ein Schachspieler zu werden, genügen, die Figuren meisterhaft auf dem Brett zu bewegen? Die Antwort ist nein, weil wir in diesen Fällen die außergewöhnliche Leistung im Auge haben.

Aber wenn Sie die Absicht haben, ein Koch zu werden und die Arbeiten eines Kochs ausführen, dann werden Sie ein passabler Koch werden. Sie werden kein Fredy Girardet werden, es sei denn, Sie hätten das notwendige Talent – aber Sie *werden* ein viel besserer Koch werden als jemand, der nicht die Absicht gehabt und nicht die routinemäßigen Arbeiten eines Kochs verrichtet hat.

Bitte halten Sie fest, daß die Absicht allein nicht ausreicht. *Sie müssen so tun als ob.* Die Absicht allein, zu beten, reicht für einen Tibetaner nicht aus – er muß die Gebetsmühle drehen.

Ganz bestimmt reicht es für einen Denker oder eine Denkerin nicht aus, daß er oder sie sich dafür hält. Das ist beinahe das genaue *Gegenteil* von dem, was ich meine. Wenn Sie sich bereits für einen Denker halten, dann werden Sie wahrscheinlich nichts mehr dafür tun – weil Sie selbstgefällig und mit Ihrer vermeintlichen Fähigkeit zufrieden sind.

Ich habe einmal eine Gruppe sehr gebildeter Amerikaner (Hochschulabschluß) aufgefordert, ihre Denkfähigkeit nach Punkten (von eins bis neun) zu bewerten. Zu meinem Erstaunen lag die durchschnittliche Bewertung bei acht Punkten. Das heißt mit anderen Worten, daß die Leute eine so begrenzte Vorstellung von dem hatten, was das Denken vermag, daß sie ihre eigene Fähigkeit für fast optimal hielten. Ich nehme allerdings an – um Nachsicht walten zu lassen –, daß viele der Zuhörer vermutlich meine Frage falsch verstanden hatten. Sie wußten, daß sie in Schule und Universität immer zu den Besten gezählt hatten, und deshalb war die Bewertung mit acht Punkten eine bescheidene Anerkennung dieser doch relativ sehr guten Leistung. – Ich wollte natürlich eine absolute Einschätzung haben.

Wie dem auch sei, die Menschen zeigen eine erstaunliche Selbstzufriedenheit gegenüber ihrer Denkfähigkeit – weil sie sich nicht vorstellen können, wie sie zu vervollkommnen wäre.

Die Absicht, ein Denker zu werden, ist sehr wichtig, weil

sie so selten ist. Ich kann mich nicht erinnern, jemals einen Menschen getroffen zu haben, der tatsächlich ein Denker werden wollte. Das sollte nicht überraschen nach allem, was ich bisher geschrieben habe. Außerdem verrät der Wunsch, ein Denker werden zu wollen, die Tatsache, daß man noch keiner ist. Humor, Sex und Denken sind nämlich Aktivitäten, bei denen sich jeder kompetent weiß.

Als Dr. Luis Alberto Machado in Venezuela zum Minister für Intelligenzentwicklung gemacht werden wollte, gab es allenthalben brüllendes Gelächter. Aber er ließ nicht locker, und schließlich wurden 106 000 Lehrer dazu ausgebildet, den CoRT-Denkunterricht zu geben. Es ist in Venezuela gesetzlich vorgeschrieben, daß jedes Schulkind zwei Wochenstunden darauf verwenden muß, speziell seine Denkfähigkeit zu entwickeln. Es gibt Kurse, die »Denken« heißen. Die Schüler wissen das, Lehrer und Erzieher ebenfalls, die Eltern wissen es auch.

Die eigentliche Denkfähigkeit, die die Schüler erwerben, ist wichtig. Aber weit wichtiger ist der Gedanke, die Denkfähigkeit *zu entwickeln*. Das normale Bild, das ein Kind in der Schule von sich hat, ist, daß es »intelligent« oder »nicht intelligent« ist – je nachdem, wie gut es in der Schule vorankommt und der Lehrer mit ihm zufrieden ist. Diese Vorstellung von Intelligenz ist eine Wertvorstellung – so wie klein oder groß, schön oder häßlich sein. Daran ist nicht viel zu ändern.

Ein Denker zu sein bedeutet ein völlig anderes Selbstverständnis. Es ist eine Fertigkeit, eine Fertigkeit, die beeinflußbar ist. Man kann sein Denken verbessern – genauso wie sein Fußballspiel oder sein Kochen. Die Schüler in Venezuela wissen, daß sie sich vornehmen können, über etwas nachzudenken, und daß ihnen etwas dazu einfallen wird. Zu diesem Zweck benutzen sie die CoRT-Methode als Gerüst.

Die Benutzung der in diesem Buch beschriebenen Denk-

Hüte ist ein Weg, jene *Absicht,* ein Denker zu sein, zu unterstützen.

Ein Denker zu sein bedeutet nicht, daß man dauernd recht hat. Ja, es ist sogar wahrscheinlich, daß diejenigen, die dauernd recht haben, schlechte Denker sind (arrogant; nicht willig, Neuland zu betreten; unfähig, Alternativen zu entwickeln; usw.). Ein Denker zu sein bedeutet nicht, allwissend zu sein. Es bedeutet auch nicht, alle möglichen kniffligen Probleme zu lösen, wie das die Leute dauernd von mir erwarten. Ein Denker zu sein bedeutet, ganz bewußt ein Denker sein zu wollen. Dies ist viel leichter, als ein Golfspieler, Tennisspieler oder Musiker zu sein – man braucht zum Beispiel schon mal eine geringere Ausrüstung.

Also, *Absicht* ist der erste Schritt. Das ist sowohl leicht als auch schwer, etwa jenen Verhaltensweisen des Zen vergleichbar, die sich leicht beschreiben, aber nicht so leicht praktizieren lassen. Deshalb besteht die Notwendigkeit für ein paar greifbare Strukturen – die sechs Denk-Hüte.

Jetzt können wir den Aspekt der Durchführung ins Auge fassen. Machen eine gefurchte Stirn und ein auf die Hand gestütztes Kinn wirklich etwas aus? Die Antwort ist ja, wenn beides absichtlich ist, und nein, wenn es unreflektiert ist. Überraschenderweise könnte es auf einer physiologischen Ebene tatsächlich funktionieren. Es gibt einige Anhaltspunkte, die nahelegen, daß man, wenn man ein Lächeln aufsetzt, glücklicher wird und es einem schwerer fällt, ärgerlich zu sein. Die Leute reagieren zum Beispiel auf gekünstelt lächelnde Fotomodelle in der Reklame, als ob deren Lächeln echt wäre. Signale werden zu Realität, der Maske folgt das Eigentliche.

Auf einer elementareren Ebene gilt: Wenn Sie *beabsichtigen,* dem anderen zuzuhören, dann werden Sie auch etwas mehr Zeit auf das Zuhören verwenden – und Ihr Denken wird besser werden. Wenn Sie bewußt die Stirn runzeln, um zu denken, dann werden Sie keine Entscheidung treffen, ehe Sie Ihre Stirn nicht geglättet haben – und das dürfte eine bessere Entscheidung werden als die aus dem Ärmel geschüttelte. Gewalttätige Jugendliche, denen Denken beigebracht wurde, wurden weniger gewalttätig, weil sie nicht augenblicklich eine heftige Klischee-Reaktion zeigen mußten.

Die sechs Denk-Hüte liefern eine greifbare Methode, der Absicht zur Durchführung zu verhelfen.

4. Kapitel
Rollenspiel
Ein Urlaub für das Ich

Die meisten Menschen haben nichts dagegen, »sich wie ein Narr aufzuführen«, solange ganz klar ist, daß sie nur eine Rolle spielen. Sie setzen sogar ihren Stolz darein, eine gute Vorstellung zu geben und einen besonders närrischen Narren zu spielen. Das wird dann zum Maßstab für hervorragende Leistung. Die Rolle ist das Ausschlaggebende, und das Ich jetzt der Regisseur.

Eine der Schwierigkeiten bei der Auseinandersetzung mit dem Zen-Buddhismus ist, daß das Ich, je mehr es versucht, »nicht da zu sein«, um so gegenwärtiger wird in seinem »Versuchen«. Ähnlich verhält es sich bei Schauspielern: Ein Typ von Schauspieler verliert seine Ich-Identität und schlüpft in das Ich der Rolle (Stanislawski-System); ein anderer Typ von Schauspieler führt bei seiner eigenen Darstellung Regie. Beide sind gute Schauspieler. Beide schicken ihr Ich auf Urlaub. Das eine verbringt seinen Urlaub im Ausland, das andere zu Hause.

So zu tun, als sei man jemand anderes, erlaubt dem Ich, sein normales restriktives Selbstverständnis zu überschreiten. Schauspieler sind im gewöhnlichen Leben oft ziemlich schüchterne Leute. Aber eine Rolle verleiht Freiheit. Wir mögen Schwierigkeiten haben, uns zu sehen, wie wir sind: töricht, im Irrtum oder »ausgetrickst«. In einer klar umrissenen Rolle können wir all das mit Vergnügen durch unsere schauspielerischen Fähigkeiten, ohne unserem Ich Schaden zuzufügen, darstellen. Für einen guten Schauspieler gehalten zu werden, bringt Prestige mit sich.

Ohne den Schutz einer formalisierten Rolle ist das Ich in Gefahr. Das ist der Grund, warum habituell negativ eingestellte Menschen die Rolle des Advocatus Diaboli für sich beanspruchen, wenn sie negativ sein wollen. Das soll dann so verstanden werden: Normalerweise seien sie ja nicht negativ eingestellt, es sei aber nützlich, wenn jemand diese Rolle spiele – und sie wollten sie gut spielen. Diese traditionelle Rolle des Advocatus Diaboli ähnelt sehr dem schwarzen Denk-Hut, der später beschrieben werden wird. Aber statt einer einzigen Denk-Rolle wird es sechs geben, und jede wird durch einen bestimmten Hut definiert.

Das Rollenspiel »Denker« im allgemeinen Sinne des Wortes ist ein wertvoller Schritt auf dem Weg, ein Denker zu werden. Aber wir können noch weiter gehen, indem wir jene große Rolle in typische Einzelrollen aufteilen. Das werden dann Charakterrollen wie die Charakterrollen in einem guten englischen Weihnachtsspiel, einem guten Familienschinken im Fernsehen oder einem traditionellen Western – oder in einer sehr reinen Form im japanischen Kabuki-Theater, wo die Rollen äußerst stark stilisiert sind.*

Jedermann kann die Hexe im englischen Weihnachtsspiel erkennen. Sie kichert und freut sich hämisch und mag es, wenn das Publikum zischt und sie ausbuht. Das ist ihre Rolle, und sie spielt sie voll aus. Dann gibt es den edlen Prin-

* Das Kabuki-Theater, eine dramatische Theaterform, die sich Anfang des 17. Jahrhunderts aus Musik, Schauspiel und Tanz entwickelte, entnahm seine Themen dem Samurai- und Großstadtleben (Anm. des Lektors).

zen, der die Mächte des Guten vertritt. Die gewöhnliche Menschheit wird durch die »Dame« vertreten. Es ist Tradition, daß der Prinz von einem Mädchen und die »Dame« von einem Mann gespielt wird. Das ist sehr sinnvoll, denn die *Pantomime*-Rollen sollen ja so weit wie möglich von der Realität abrücken, um Ideen zu illustrieren. Die Rollen in der Weihnachts-*Pantomime* sind dazu bestimmt, großartige Mächte zu repräsentieren, die zu unserem Vergnügen menschliche Gestalt annehmen. Je konstruierter und künstlicher also die Rolle, desto eher wird sie als Rolle erkennbar – das ist das Erfolgsgeheimnis der amerikanischen Fernsehschinken; das ist der Grund, warum J. R. in »Dallas« liebenswert ist.

Die umfassende Denker-Rolle wird in sechs unterschiedliche *Charakterrollen* unterteilt, die durch sechs unterschiedlich gefärbte Hüte dargestellt werden.

Sie wählen, welchen der Hüte Sie im jeweiligen Augenblick aufsetzen wollen. Sie setzen den Hut auf und spielen dann die Rolle, die durch den Hut definiert wird. Sie sehen sich dabei zu, wie Sie die Rolle spielen. Sie spielen die Rolle, so gut Sie können. Ihr Ich wird durch die Rolle geschützt. Ihr Ich ist insofern beteiligt, als Sie die Rolle gut spielen wollen.

Wenn Sie den Denk-Hut wechseln, müssen Sie die Rolle wechseln. Jede Rolle sollte deutlich ausgeprägt sein. So ausgeprägt wie die Hexe und der Prinz im Weihnachtsspiel. Sie werden zu einer Gruppe unterschiedlicher Denker, die alle denselben Kopf benutzen.

All das ist Bestandteil der Kartenanfertigungsart von Denken. Wie ich schon sagte, steht jede Hutfarbe für eine der Farben, die beim Drucken einer Karte verwendet werden könnte. Zum Schluß kommen die Farben zusammen und ergeben die vollständige Karte.

Jeder der sechs Hüte wird auf den folgenden Seiten beschrieben. Sie sollen so unterschiedlich und ausgeprägt wie möglich sein. Der rote Hut ist ganz anders als der weiße Hut; der gelbe Hut und der schwarze Hut stehen in scharfem Kontrast zueinander; die Rolle des blauen Hutes ist deutlich abgesetzt von der des grünen Hutes.

Komödiespielen ist nicht Tragödiespielen. Wenn Sie das Kostüm des Clowns tragen, dann spielen Sie den Clown. Wenn Sie den Hut des Bösewichts aufhaben, spielen Sie den Bösewicht. Seien Sie stolz darauf, die verschiedenen Rollen spielen zu können.

Jetzt fängt das Denken an: Es gilt, von den *gespielten Rollen* auszugehen und nicht von Ihrem *Ich*. Auf diese Weise werden Karten angefertigt. Am Ende dann kann das Ich den einzuschlagenden Weg wählen.

5. Kapitel
Melancholie und andere Säfte
Gefühle machen viel aus

Dieses Kapitel ist für diejenigen gedacht, die immer noch nicht überzeugt sind. Es ist für jene, die noch immer das Gefühl haben, daß die Idee mit den sechs verschiedenen Hüten eine leichtfertige und sinnlose Spielerei ist, die unserer Denkfähigkeit nichts hinzufügen kann.

Vielleicht hatten die Griechen mit ihrer Annahme recht, daß verschiedene Körpersäfte die Stimmung beeinflussen. War jemand verdrießlich und melancholisch, so deshalb, weil eine »schwarze Galle« den Körper durchfloß. Ja, das Wort »Melancholie« bedeutet genau das: »Schwarze Galle«. Die Stimmung wurde also von Säften, den (lat.) »humores« bestimmt, die im Augenblick jeweils vorherrschend waren, und diese Stimmung beeinflußte dann das Denken.

Viele deprimierte Leute haben bemerkt, daß sie im Zustand der Depression gänzlich andere Gedanken haben als im Zustand relativer Fröhlichkeit.

Gerade weil wir heutzutage so viel mehr über das Gehirn wissen, spricht vieles für die griechischen Körpersäfte. Wir wissen, daß das Verhältnis chemischer Substanzen zueinander (Neurotransmitter), die im Hypothalamus, also in einem Teil des Zwischenhirns, wirksam sind, das Verhalten stark beeinflussen. Wir wissen von Endorphinen, morphiumähnlichen chemischen Stoffen, daß sie im Gehirn freigesetzt werden (was Jogger »high« macht). Wir wissen, daß von der Hypophyse, der Hirnanhangsdrüse, freigesetzte, komplexe Substanzen mit Hormonwirkung in andere Teile des Gehirns wandern und in bestimmte Substanzen aufgespalten werden können, die auf verschiedene Teile des Gehirns einwirken (so vermutet man zum Beispiel, daß im Frühling – veranlaßt durch das sich verändernde Verhältnis von Helligkeit und Dunkelheit – die Hypophysen der Tiere chemische Substanzen ausschütten, die das Sexualverhalten stimulieren). Mit der Zeit lernen wir vielleicht, wie die chemischen Stoffe im Gehirn – und möglicherweise allgemein im Blut – unsere Stimmung und unser Denken spürbar beeinflussen.

Es steht ebenfalls seit längerem fest, daß physiologische Reaktionen mit Hilfe normaler Gewöhnungs- oder Dressurprozesse verändert werden können (siehe Pawlow). So hat man Tiere dazu gebracht, auf ein äußeres Signal hin ihren Blutdruck zu steigern oder zu senken.

Es ist möglich, daß den sechs Denk-Hüten mit der Zeit der Rang eines solchen auslösenden Signals zukommen könnte, das einen bestimmten chemischen Prozeß in unserem Gehirn auslöst, der dann seinerseits unser Denken beeinflußt.

Wir können die Sache auch von einer ganz anderen Seite angehen und zu demselben Ergebnis kommen.

Wenn wir das Gehirn als ein *aktives* Informationssystem ansehen, stellen wir fest, daß es ganz anders funktioniert als die *passiven* Informationssysteme, die man in Computern und sonstwo (beispielsweise beim Drucken) verwendet. Aktive Systeme habe ich sozusagen als Einleitung in meinem Buch »The Mechanism of Mind« beschrieben. 1969 veröffentlicht, wird das Buch erst jetzt von Computer-

Wissenschaftlern der fünften Generation entdeckt, die sich zu der Ansicht bekehrt haben, daß sich selbst organisierende aktive Systeme unbedingt erforderlich sind.

»Aktives System« bedeutet, daß sich die Information selbst strukturiert, anstatt passiv auf der Fläche zu liegen und darauf zu warten, von einem Prozessor verarbeitet zu werden.

Ein flacher Kasten enthält Sand. Läßt man eine Stahlkugel auf die Oberfläche fallen, bleibt sie dort liegen, wohin sie gefallen ist. Läßt man die Kugel durch ein Quadrat in einem Gitter fallen, bleibt sie genau unter dem Quadrat liegen. Das ist ein passives Informationssystem – die Kugel bleibt dort, wohin sie gefallen ist.

Ein anderer Kasten enthält einen weichen Gummisack, der mit einem sehr zähflüssigen Öl gefüllt ist. Die erste Kugel, die auf den Sack fällt, sinkt allmählich auf den Grund und schiebt dabei die Gummioberfläche vor sich her. Wenn die Kugel zur Ruhe kommt, ist die Oberfläche konturiert, zeigt sie eine Art Vertiefung, auf deren Grund die erste Kugel liegt. Die zweite Kugel rollt die Schräge hinab und kommt neben der ersten zur Ruhe. Die zweite Kugel ist aktiv. Sie bleibt nicht dort, wohin sie geworfen wurde, sondern folgt der abschüssigen Bahn, die die erste geschaffen hat. Alle folgenden Kugeln werden nun zu der ersten hinrollen, und es wird sich ein Haufen bilden. Wir haben hier also eine einfache aktive Oberfläche, die es der hereinkommenden Information (den Kugeln) gestattet, sich zu einem Haufen zu formieren.

Dies sind sehr primitive Modelle, aber sie reichen aus, um den riesengroßen Unterschied zwischen passiven und aktiven Systemen zu illustrieren. Unglücklicherweise haben wir bis jetzt nur über passive Systeme nachgedacht, weil das Universum aktiver Informationssysteme völlig anders geartet ist.

Es ist möglich, zu zeigen, wie sich das Nervensystem als

aktives, sich selbst organisierendes Informationssystem verhält – und das hatte ich mir vorgenommen, in »The Mechanism of Mind« zu beschreiben. Tatsächlich ist das Modell, das ich dort entwickelt habe, im Computer simuliert worden, und es funktioniert im großen und ganzen, wie ich vorausgesagt habe.

Es ist die aktive Natur des Nervensystems, die es der hereinkommenden Information erlaubt, sich selbst zu strukturieren. Die Herausbildung und Anwendung von Mustern ermöglicht *Wahrnehmung*. Ohne diese Muster kämen selbst so einfache Handlungen wie das Überqueren einer Straße nicht zustande.

Unser Gehirn ist darauf angelegt, auf brillante Weise unkreativ zu sein. Es ist so konstruiert, daß es Muster bildet und von da an diese starren Muster bei jeder möglichen Gelegenheit benutzt.

Aber sich selbst organisierende Systeme haben einen großen Nachteil. Sie können aus der Reihenfolge ihrer Erfahrungen (dieser Geschichte der Ereignisse) nicht ausbrechen. Aus diesem Grunde werden die Computer der fünften Generation mit Humor, Gefühlen und der Fähigkeit, alberne Fehler zu machen, ausgestattet sein müssen. Andernfalls werden sie niemals denken können.

Reizschwelle und Empfindsamkeit der Nervenzellen sind veränderbar, je nach Art der sie umspülenden chemischen Substanzen. Jede Änderung in deren Zusammensetzung führt zur Herausbildung eines anderen Musters. Wir haben dann jedesmal sozusagen ein *anderes Gehirn*.

Daraus ist zu schließen, daß Gefühle einen wesentlichen Teil unserer Denkfähigkeit ausmachen und nicht bloß etwas Zusätzliches sind, das unser Denken behindert.

Menschen, denen es schwerfällt, Entscheidungen zu treffen, sollten einmal darüber nachdenken, daß unterschiedliche chemische Zustände des Gehirns jeweils eine Entscheidung gefällt haben, die für diesen speziellen Zustand die richtige ist. Folglich sind beide Alternativen richtig – aber für verschiedene Gehirne. Daher die Unentschiedenheit.

In Augenblicken der Panik oder des Ärgers benehmen sich die Menschen häufig primitiv. Das mag daran liegen, daß das Gehirn so selten diesen speziellen chemischen Bedingungen ausgesetzt ist, daß es keine Gelegenheit hatte, komplexe Reaktionsmuster zu erwerben. Folglich spricht sehr viel dafür, Menschen unter solchen emotionalen Bedingungen zu trainieren (wie es beim Militär schon immer der Fall gewesen ist).

Wir erkennen also die Bedeutung wechselnder chemischer Zustände des Gehirns. Dies einerseits aufgrund unserer zunehmenden Einsicht in dessen Funktionieren, andererseits aufgrund theoretischer Betrachtungen über das Verhalten aktiver sich selbst organisierender Informationssysteme.

Was hat das mit den sechs Denk-Hüten zu tun?

Ich erwähnte schon, daß diese Hüte auslösende Signale werden und dann möglicherweise den chemischen Zustand des Gehirns verändern. Außerdem ist das Auseinanderklauben der verschiedenen Aspekte des Denkens ganz wichtig. Wenn wir auf die gewöhnliche Art anfangen zu denken, versuchen wir entweder, die Gefühle auszuklammern (die dann ihre höchst einflußreiche Rolle im Hintergrund weiterspielen), oder wir schwanken zwischen Vernunft und Gefühl hin und her. Wenn wirklich unterschiedliche chemische Zustände mit unterschiedlichen Arten zu denken verknüpft sind, dann gibt diese Art des »durcheinandergerührten« Denkens dem Gehirn keine Chance, irgendeinen Zustand zu etablieren.

6. Kapitel
Der Zweck des Sechs-Hüte-Denkens
Fünf Werte

Wert Nr. 1 der sechs Denk-Hüte liegt in dem klar umrissenen *Rollenspiel*. Das Denken erfährt seine Hauptbeschränkung durch die Selbstverteidigung des Ego, die für die meisten der praktischen Denkfehler verantwortlich ist. Die Hüte gestatten es uns, Dinge zu denken und zu sagen, die wir sonst nicht ohne Gefahr für unser Ego denken und sagen könnten. – Im Clownskostüm fühlen wir uns frei, den Clown zu spielen.

Wert Nr. 2 liegt in ihrer *Aufmerksamkeitslenkung*. Wenn unser Denken mehr als nur reaktiv sein soll, dann müssen wir eine Methode zur Verfügung haben, mit deren Hilfe wir unsere Aufmerksamkeit auf einen Aspekt nach dem anderen lenken können. Mit Hilfe der sechs Hüte können wir sechs verschiedene Aspekte nacheinander ins Auge fassen.

Wert Nr. 3 ist ihre *Zweckdienlichkeit*. Der Symbolwert der sechs verschiedenen Hüte macht es sehr einfach, jemanden (sich selbst eingeschlossen) zum Umschalten aufzufordern. Man kann jemanden auffordern, negativ oder nicht mehr negativ zu sein, kreativ zu sein oder rein gefühlsmäßig zu antworten.

Wert Nr. 4 ergibt sich daraus, daß sie möglicherweise eine Basis in der Chemie des Gehirns haben, die ich im vorhergehenden Kapitel skizzierte. Aus diesem Grunde bin ich bereit, Behauptungen aufzustellen, die ein wenig über unseren gegenwärtigen Wissensstand hinausgehen, weil die theoretischen Erfordernisse sich selbst organisierender Systeme eine solche Extrapolation rechtfertigen.

Wert Nr. 5 liegt in dem Aufstellen von *Spielregeln*. Die Menschen lernen Spielregeln mit Leichtigkeit. Für Kinder ist das Erlernen von Spielregeln eine der wirkungsvollsten Lernformen, weshalb sie beispielsweise so geschickt im Umgang mit Computern sind. Die sechs Denk-Hüte stellen gewisse Regeln für das Denk»spiel« auf. Das spezielle Denkspiel, das mir vorschwebt, ist das Anfertigen von Karten im Unterschied zum Meinungsstreit.

7. Kapitel
Sechs Hüte, sechs Farben
Die jeweilige Funktion der einzelnen Hüte

Jeder der sechs Denk-Hüte hat eine Farbe: Weiß, Rot, Schwarz, Gelb, Grün, Blau. Die Farbe gibt dem Hut den Namen.

Ich hätte schlaue griechische Namen zur Bezeichnung des von jedem Hut geforderten Denktypus' wählen können. Das hätte Eindruck gemacht und einigen Leuten gefallen, aber der praktische Wert wäre gering.

Ich möchte, daß sich der Denker die Hüte als wahrhaftige Hüte *bildlich vorstellt*. Zu diesem Zweck ist Farbe wichtig. Wie sonst könnten die Hüte unterschieden werden? Voneinander abweichende Formen wären auch wieder schwer zu behalten und verwirrend. Farbe macht es leichter, sich etwas vorzustellen.

Die Farbe jedes Hutes ist außerdem auf seine Funktion bezogen:

- WEISSER HUT: Weiß ist neutral und objektiv. Der weiße Hut befaßt sich mit sachlichen Fakten und Zahlen.
- ROTER HUT: Rot deutet auf Ärger, Zorn (rot sehen) und Emotionen hin. Der rote Hut vermittelt die gefühlsmäßige Sicht.

- SCHWARZER HUT: Schwarz ist düster und negativ. Der schwarze Hut deckt die negativen Aspekte ab (warum etwas nicht funktioniert).
- GELBER HUT: Gelb ist sonnig und heiter und positiv. Der gelbe Hut ist optimistisch und steht für Hoffnung und positives Denken.
- GRÜNER HUT: Grün ist das Gras, ist die Vegetation und üppiges, fruchtbares Wachstum. Der grüne Hut deutet auf Kreativität und neue Ideen.
- BLAUER HUT: Blau ist kühl und auch die Farbe des Himmels, der über allem anderen ist. Der blaue Hut befaßt sich mit Kontrolle und Organisation des Denkprozesses, lenkt ebenfalls den Einsatz der anderen Hüte.

Es ist leicht, sich die Funktion der einzelnen Hüte zu merken, wenn Sie an die Farbe und die jeweiligen Assoziationen denken. Aus ihnen ergeben sich dann die Funktionen. Sie können sie sich auch als drei Paare merken:

- Weiß und Rot,
- Schwarz und Gelb,
- Grün und Blau.

In der Praxis werden die Hüte *immer* mit ihrer Farbe bezeichnet und *niemals* mit ihrer Funktion. Dafür gibt es einen guten Grund: Wenn Sie jemanden auffordern, seine gefühlsmäßige Reaktion auf etwas in Worte zu fassen, erhalten Sie wahrscheinlich keine ehrliche Antwort, weil die Leute meinen, sie sollten eigentlich nicht emotional reagieren. Aber die Bezeichnung *roter Hut* ist neutral. Sie können jemanden eher bitten, »doch für einen Augenblick den schwarzen Hut abzusetzen«, als ihm zu sagen, er solle aufhören, so negativ zu sein. Die Neutralität der Farben erlaubt es, die Hüte ohne Verlegenheit zu benutzen. Das Denken wird zu einem Spiel mit festen Regeln und nicht zu einer Sache, die mit Ermahnung und Tadel einhergeht. Somit wird auch auf die Hüte direkt Bezug genommen:

- »Ich möchte, daß Sie Ihren schwarzen Hut absetzen.«

- »Für eine Weile wollen wir alle mal unsere roten Denk-Hüte aufsetzen.«
- »Für das Denken mit dem gelben Hut ist das sehr gut, aber jetzt wollen wir es mal mit dem weißen probieren.«

Wenn Sie es mit Leuten zu tun haben, die dieses Buch nicht kennen und die von der symbolischen Bedeutung der sechs Denk-Hüte keine Ahnung haben, dann kann die jeder Farbe beigefügte Erklärung schnell das Charakteristische jedes Hutes vermitteln. Anschließend sollten Sie dann jenen Leuten dieses Buch zu lesen geben. Je weiter das Idiom verbreitet ist, desto effizienter wird es angewandt werden. Eines Tages sollte es Ihnen möglich sein, in jeder nur denkbaren Diskussionsrunde problemlos »Hüte« auf- und abzusetzen.

8. Kapitel
Der weiße Hut
Fakten und Zahlen

Können Sie so tun, als wären Sie ein Computer?
Nennen Sie nur die Fakten, neutral und objektiv!
Lassen Sie die Interpretation beiseite – nur die Fakten bitte!
Welches sind hierbei die Fakten?

Computer haben noch keine Gefühle (obwohl wir ihnen wahrscheinlich Gefühle werden mitgeben müssen, wenn sie intelligent denken sollen). Wir erwarten von einem Computer, daß er uns angeforderte Fakten und Zahlen zeigt, aber nicht, daß er mit uns debattiert und seine Fakten und Zahlen nur zur Unterstützung seiner Argumente benutzt.

Allzuoft sind Fakten und Zahlen in eine Beweisführung eingebettet. Sie werden für einen bestimmten Zweck eingesetzt und nicht als solche dargestellt. Fakten und Zahlen können niemals objektiv behandelt werden, wenn sie als Teil einer Beweisführung vorgebracht werden.

Wir brauchen daher dringend ein Signal, das sagt: »Nur die Fakten bitte – ohne die Behauptungen.«

Unglücklicherweise stellt das westliche Denken mit seinem Hang zum Argumentieren lieber eine Schlußfolgerung an den Anfang und zieht dann die Fakten zur Unterstützung heran. Im Gegensatz dazu müssen wir bei dem von mir propagierten Denktypus einer Kartenanfertigung erst die Karte erstellen und dann die Route wählen, das heißt, wir müssen zuerst die Fakten und Zahlen haben.

Das Weiße-Hut-Denken erleichtert es, um die neutral und objektiv vorgetragenen Fakten und Zahlen zu bitten.

In den Vereinigten Staaten wurde früher einmal ein Kartellverfahren gegen IBM angestrengt. Das Verfahren wurde schließlich eingestellt – wahrscheinlich weil man einsah, daß die Vereinigten Staaten die Stärke von IBM brauchten, um mit der hoch organisierten elektronischen Konkurrenz Japans mithalten zu können. Es hieß jedoch auch, es habe einen anderen Grund gegeben: IBM legte so viele Dokumente vor (an die sieben Millionen, glaube ich), daß kein Gericht mit der schieren Masse hätte fertig werden können. Wenn während eines Prozesses der Richter stirbt, muß alles wieder von vorn losgehen. Da Richter erst ernannt werden, wenn sie relativ alt genug sind, um relativ weise zu sein, stand durchaus zu erwarten, daß der Richter während des Verfahrens sterben würde. Der Prozeß war also nicht durchführbar, es sei denn, man hätte einen sehr jungen Richter ernannt, der dann diesen Prozeß zu seinem Lebenswerk hätte machen können.

Die Geschichte zeigt, daß eine Bitte um Fakten und Zahlen mit soviel Information beantwortet werden kann, daß der Fragende davon erschlagen wird.

– »Wenn du die Fakten und Zahlen haben willst, kannst du sie haben. Alle.«

Eine solche Reaktion ist begreiflich, da man jeden Versuch, die Fakten zu vereinfachen, als bewußte Auswahl verstehen könnte, mit der man etwas beweisen will.

Um nicht in der Informationsflut zu ertrinken, kann derjenige, der das Weiße-Hut-Denken fordert, seine Bitte auf die benötigte Information konzentrieren.

– »Lassen Sie mich Ihr Weißes-Hut-Denken über Arbeitslosigkeit im allgemeinen hören.«

– »Jetzt geben Sie mir bitte die Zahlen für Schulabgänger sechs Monate nach deren Schulabgang.«

Das Formulieren angemessen präzisierter Fragen gehört

ganz selbstverständlich zum Einholen von Informationen. Im Kreuzverhör geschulte Rechtsanwälte tun dies fortwährend. Idealerweise sollte der Zeuge den weißen Denk-Hut tragen und die Fragen sachlich beantworten. Richter und Anwälte dürften das Weiße-Hut-Idiom äußerst hilfreich finden.

»Wie ich schon sagte, er kam morgens um halb sieben nach Hause, weil er die ganze Nacht am Spieltisch verbracht hatte.«

»Mr. Jones, haben Sie selbst gesehen, daß der Angeklagte in der Nacht vom 30. Juni zum 1. Juli gespielt hat, oder hat er Ihnen erzählt, daß er gespielt hat?«

»Nein, Euer Ehren. Aber er spielt fast jede Nacht.«

»Mr. Jones, wenn Sie den weißen Denk-Hut aufhätten, was hätten Sie dann gesagt?«

»Ich beobachtete, wie der Angeklagte am Morgen des 1. Juli um sechs Uhr dreißig in seine Wohnung zurückkehrte.«

»Danke, Sie können sich setzen.«

Es muß festgehalten werden, daß die Anwälte in einem Gerichtssaal *immer* etwas zu beweisen suchen. Ihre Fragen sind folglich so formuliert, daß sie ihre eigene Argumentation stützen oder die der Gegenseite zu Fall bringen. Das ist selbstverständlich das genaue Gegenteil vom Weißen-Hut-Denken. Der Richter spielt eine merkwürdige Rolle.

In der holländischen Rechtsprechung gibt es keine Geschworenen. Die drei Richter oder Assessoren versuchen, mit unverfälschtem Weißen-Hut-Denken die Fakten des Falles herauszufinden. Ihre Aufgabe ist es, die »Karte« anzufertigen und dann ein Urteil zu fällen. In England oder in den Vereinigten Staaten scheint dies nicht so zu sein. Dort ist der Richter dazu da, die Regeln der Beweisführung aufrechtzuerhalten und dann auf das von den Anwälten ausgebreitete Beweismaterial entweder direkt oder mit Hilfe von Geschworenen zu reagieren.

Jeder, der Fragen formuliert, um Informationen einzuholen, muß also sichergehen, daß er selber den weißen Denk-Hut benutzt. Versuchen Sie wirklich, an die Fakten zu kommen, oder suchen Sie nur nach Argumenten, um eine Idee, die Ihnen gerade kommt, abzustützen?

»Im vergangenen Jahr stieg in den Vereinigten Staaten der Absatz von Putenfleisch aufgrund des Interesses an Schlankheitskuren und gesunder Ernährungsweise um 25 Prozent. Putenfleisch ist bekanntlich ›leichter‹.«

»Mr. Fitzler, ich habe Sie gebeten, Ihren weißen Hut aufzusetzen. Die Tatsache ist die Steigerungsrate von 25 Prozent. Alles andere ist Ihre Interpretation.«

»Nein, Sir. Marktforschungen haben eindeutig ergeben, daß die Leute Putenfleisch kaufen, weil sie seinen Cholesteringehalt für niedriger halten.«

»Gut, dann haben Sie zwei Fakten: erstens, daß der Putenfleischabsatz im vergangenen Jahr um 25 Prozent gestiegen ist; zweitens, daß Marktforschungen ergeben haben, daß die Leute behaupten, Putenfleisch zu kaufen, weil sie sich über Cholesterin Gedanken machen.«

Der weiße Hut gibt die Richtung an, in die wir zielen sollen, wenn es uns um Information geht. Wir können uns vornehmen, die Weiße-Hut-Rolle so gut wie möglich zu spielen. Das bedeutet, daß wir auf die reinen Fakten abzielen. Ganz offensichtlich ist die Weiße-Hut-Rolle nicht ganz einfach – schwieriger vielleicht als die der anderen Rollen.

»Die Zahl der Zigarren rauchenden Frauen zeigt eine steigende Tendenz.«

»Das ist keine Tatsache.«

»Doch. Ich habe hier die Zahlen.«

»Ihre Zahlen zeigen, daß während der letzten drei Jahre die jährliche Zahl der Zigarren rauchenden Frauen über der des Vorjahres lag.«

»Ist das denn keine Tendenz?«

»Es könnte eine sein. Aber das ist eine Interpretation.

Für mich bezeichnet ›Tendenz‹ etwas, das geschieht und weiterhin geschehen wird. Die Zahlen sind die Tatsache. Es könnte ja sein, daß die Frauen mehr Zigarren rauchen, weil sie ohnehin mehr rauchen – aufgrund wachsender Sorgen etwa. Es könnte auch einfach sein, daß die Zigarrenhersteller während der letzten drei Jahre ungewöhnlich viel Geld ausgegeben haben, um die Frauen zum Zigarrenrauchen zu überreden. Das erste ist eine Tendenz, die Möglichkeiten eröffnen könnte, das letztere viel weniger.«

»Ich habe das Wort ›Tendenz‹ einfach für steigende Zahlen benutzt.«

»Das kann durchaus ein angemessener Wortgebrauch sein, aber es gibt auch noch den anderen, der einen fortlaufenden Prozeß impliziert. Man sollte also besser Weißes-Hut-Denken anwenden und sagen: ›In den letzten drei Jahren hat die Zahl der rauchenden Frauen zugenommen.‹ Dann können wir darüber reden, was das bedeutet und worauf es zurückzuführen ist.«

So verstanden, wird das Weiße-Hut-Denken zu einer Disziplin, die den Denker dazu ermuntert, die Fakten von deren Extrapolation oder Interpretation eindeutig zu trennen. Man könnte sich vorstellen, daß Politiker mit dieser Art des Denkens beträchtliche Schwierigkeiten hätten.

9. Kapitel
Weißes-Hut-Denken
Wessen Tatsache ist es?

Ist es eine Tatsache oder eine Wahrscheinlichkeit?
Ist es eine Tatsache oder der Glaube, es sei eine?
Gibt es irgendwelche Tatsachen?

Jetzt können wir zu meiner Behauptung am Anfang des Buches über Rodins »Denker« auf dem Platz in Buenos Aires zurückkehren. Es ist eine Tatsache, daß ich in Buenos Aires war. Es ist eine Tatsache, daß mich eine Fremdenführerin auf die Skulptur von Rodin hinwies. Es ist eine Tatsache, daß sie zu behaupten schien, es sei ein Original. Es scheint eine Tatsache zu sein, daß die Skulptur auf dem Platz vor dem Parlament steht. Die letzten beiden Punkte unterliegen der Fehlbarkeit der Erinnerung. Selbst wenn ich mich vollkommen richtig erinnere, könnte sich die Führerin geirrt haben. Deswegen habe ich meine Bemerkung mit »ich glaube« begonnen. Ich habe es vorgezogen, meiner Erinnerung und der Führerin zu glauben.

Viel von dem, was als Tatsache angesehen wird, ist bloß ein in gutem Glauben abgegebener Kommentar oder eine persönliche Meinung des Augenblicks, aber es ist unmöglich, alles im Leben nachzuprüfen, wie ein naturwissenschaftliches Experiment. In der Praxis hat sich also eine Art zweistufiges System herausgebildet: *geglaubte* Fakten und *nachgeprüfte* Fakten.

Gewiß dürfen wir beim Weißen-Hut-Denken auch geglaubte Fakten vorlegen, aber wir müssen ganz deutlich machen, daß es sich um zweitrangige Fakten handelt.

– »Ich glaube, es stimmt, wenn ich sage, daß die russische Handelsflotte einen wesentlichen Teil der Welthandelsgüter befördert.«

– »Ich habe einmal gelesen, daß die japanischen Geschäftsleute deshalb so große Spesenkonten haben, weil sie ihr gesamtes Gehalt ihren Frauen geben.«

– »Ich glaube, man kann sagen, daß die neue Boeing 757 viel leiser ist als die vorhergehende Flugzeuggeneration.«

Der irritierte Leser könnte einwenden, man könne mit solchen gummiartigen Formulierungen praktisch alles und jedes behaupten.

– »Wie mir jemand, der es von einem Freund weiß, erzählt hat, soll Churchill insgeheim Hitler bewundert haben.«

Behauptungen, Klatsch und Hörensagen stehen hier Tür und Tor offen. Das ist richtig. Trotzdem benötigen wir eine Methode, mit der wir geglaubte Fakten als solche kennzeichnen können.

Wichtig ist schließlich der *Gebrauch,* den wir von diesen Fakten machen wollen. Ehe wir auf eine Tatsache hin handeln oder sie zur Grundlage einer Entscheidung machen, müssen wir sie auf jeden Fall überprüfen. Folglich schätzen wir ab, welche der geglaubten Tatsachen nützlich sein könnte, und versuchen anschließend, sie zu verifizieren. Wenn zum Beispiel die geglaubte Tatsache, daß die Boeing 757 leise ist, die Standortwahl für einen Flughafen entscheidend beeinflussen würde, dann müßten wir diese Tatsache ganz sicher vom Rang des »geglaubt« in den des »nachgeprüft« überführen.

Die Grundregel für Weißes-Hut-Denken heißt: Es sollte nichts auf eine höhere Ebene gebracht werden, falls dies nicht angemessen ist. Wenn dagegen eine Behauptung deutlich als solche gekennzeichnet wird, dann ist es erlaubt, sie aufzustellen – denken Sie immer an das zweistufige System.

Lassen Sie mich wiederholen: Wir brauchen unter allen Umständen die Stufe des Geglaubten, denn das Vorläufige, Hypothetische und Provokative sind für das Denken unbedingt erforderlich. Sie schaffen die Rahmenbedingungen, die den Fakten vorangehen.

Und jetzt kommen wir zu einem ziemlich schwierigen Punkt. Wann wird »Glaube« zu »Meinung«? Ich kann »glauben«, daß die Boeing 757 leiser ist. Ich kann ebensogut »glauben« (Meinung), daß Frauen mehr rauchen, weil sie jetzt unter größerem Streß stehen.

Lassen Sie mich gleich sagen, daß beim Weißen-Hut-Denken *Ihre eigene Meinung* niemals zulässig ist. Das würde dem Zweck des weißen Hutes völlig zuwiderlaufen. Anders verhält es sich mit der Meinung eines anderen: Diese können Sie natürlich als Tatsache wiedergeben.

– »Professor Schmidt vertritt die Meinung, daß das Fliegen mit Menschenkraft niemals möglich sein wird.«

Machen Sie sich also ganz klar, daß eine Tatsache auf der Glaubensebene einfach etwas ist, von dem *Sie glauben, daß es eine Tatsache ist,* das Sie aber noch nicht gründlich überprüft haben. Vielleicht möchten Sie die Rangfolge ändern zu:

1. überprüfte Tatsache;
2. nicht überprüfte Tatsache (Glaube).

Schließlich und endlich kommt es auf die Geisteshaltung an. Wenn der Denker einen weißen Hut trägt, macht er neutrale Sachangaben in Form einer Bestandsaufnahme. Die Fakten werden auf den Tisch gelegt. Es kann keine Rede davon sein, sie zum Durchboxen eines bestimmten Standpunktes zu verwenden. Sobald das aber der Fall zu sein scheint, sind sie suspekt: Die Weiße-Hut-Rolle wird dann mißbraucht.

Mit der Zeit wird die Weiße-Hut-Rolle zur zweiten Natur.

Der Denker versucht nicht mehr länger, mit eingeschmuggelten Angaben eine Streitfrage für sich zu entscheiden, sondern es wird sich die neutrale Objektivität eines naturwissenschaftlichen Beobachters oder Forschers entwickeln, der die unterschiedliche Flora und Fauna zur Kenntnis nimmt – ohne einen Gedanken an eine spätere Verwendung. Die Aufgabe des Kartographen ist einfach die Anfertigung einer Karte.

Der Weiße-Hut-Denker breitet die »Exemplare« auf dem Tisch aus – wie ein Schuljunge seine Taschen leert: ein paar Münzen, Kaugummi, einen Frosch.

10. Kapitel
Weißes-Hut-Denken
Input im Stil der Japaner

Diskussion, Meinungsstreit, Übereinstimmung
Wenn keiner eine Idee vorbringt, woher kommen dann Ideen?
Fertigen Sie zuerst die Karte an!

Die Japaner haben niemals die westliche Angewohnheit des Streitgespräches angenommen. Mag sein, daß eine abweichende Meinung in einer Feudalherrschaft zu unhöflich oder zu riskant war; mag sein, daß die gegenseitige Achtung und das Wahren des »Gesichts« zu wichtig sind, um die Angriffe eines Meinungsstreites zuzulassen; es mag aber auch sein, daß die japanische Kultur nicht auf dem Individuum basiert wie die abendländische: Dem (Meinungs)streit liegt oft eine starke Ichbezogenheit zugrunde. Die wahrscheinlichste Erklärung ist, daß die japanische Kultur niemals von der Sprechweise griechischer Philosophen beeinflußt worden ist, die dann von mittelalterlichen Mönchen verfeinert und weiterentwickelt wurde, um damit beispielsweise Ketzer zu überführen. Uns erscheint es seltsam, daß die Japaner nicht diskutieren, ihnen erscheint es seltsam, daß wir die Diskussion so lieben.

Bei einem Gespräch im westlichen Stil sitzen die Teilnehmer da mit ihren Standpunkten und vielfach mit der Schlußfolgerung, die sie allgemein gezogen sehen möchten. Das Gespräch besteht dann darin, die unterschiedlichen

Standpunkte durchzudiskutieren, um festzustellen, welcher die Kritik überlebt und welcher die meisten Anhänger gewinnt.

Die ursprünglichen Ideen werden durchaus modifiziert und verbessert, aber dies ähnelt eher der Arbeit eines Bildhauers: Es wird mit einem großen Marmorblock begonnen und das Endprodukt aus ihm herausgemeißelt.

Bei westlichen Gesprächen, die auf Übereinstimmung abzielen, kommt es nicht zu so heftigen Auseinandersetzungen, da es keine direkten Gewinner oder Verlierer gibt. Zu dem Ergebnis sind alle gemeinsam gekommen, und es wird von allen befürwortet. Dieser Vorgang ähnelt eher dem Modellieren mit Ton: Um einen Kern werden Tonklumpen aufgebracht und geformt, um zu dem endgültigen Ergebnis zu gelangen.

Japanische Gespräche zielen nicht auf Übereinstimmung ab.

Für Abendländer ist es schwer zu verstehen, daß sich japanische Gesprächsteilnehmer zusammensetzen, ohne vorgefertigte Ideen im Kopf zu haben. Der Zweck des Zusammentreffens ist das *Zuhören*. Wieso herrscht dann aber kein absolutes und unproduktives Schweigen? Weil ein Teilnehmer nach dem anderen den weißen Denk-Hut aufsetzt und dann seinen Beitrag zu neutraler Information leistet. Allmählich vervollständigt sich die Karte. Sie wird immer detaillierter. Wenn die Karte fertig ist, wird die einzuschlagende Route für jeden unmittelbar einsichtig. Ich will damit nicht sagen, daß dieser Vorgang nur auf ein einziges Zusammentreffen beschränkt ist – er kann sich über Wochen und Monate mit vielen Zusammenkünften erstrecken.

Der springende Punkt ist, daß keiner mit einer vorgefertigten Idee kommt. Information wird auf die Weiße-Hut-Weise vorgetragen. Diese Information organisiert sich allmählich zu einer Idee. Die Teilnehmer sehen zu, wie das geschieht.

Die westliche Vorstellung ist, daß Ideen mit den »Hammerschlägen« der Argumente herausgearbeitet werden sollten.

Die japanische Vorstellung ist, daß Ideen wie Keimlinge sprießen, die man dann ernähren und zu ihrer endgültigen Gestalt heranwachsen lassen muß.

Das eben Gesagte ist eine etwas idealisierte Version des Kontrastes zwischen abendländischer Diskussion und japanischem Informations-Input. Es ist hier meine Absicht, diesen Kontrast herauszuarbeiten und nicht etwa denen nachzueifern, die alles Japanische wunderbar und nachahmenswert finden.

Wir können unsere Kulturen nicht austauschen. Deshalb brauchen wir irgendeinen *Mechanismus,* der es uns ermöglicht, unsere Argumentationsgewohnheiten außer Kraft zu setzen. Die Weiße-Hut-Rolle tut genau das. Wenn sie jedermann in einer Gesprächsrunde spielt, dann kann sie bedeuten: »Wir wollen jetzt mal alle so tun, als wären wir Japaner in einer japanischen Gesprächsrunde.«

Gerade um diese Art von Umstellung durchzuführen, brauchen wir Kunstgriffe und Redewendungen wie den weißen Denk-Hut. Ermahnungen und Erklärungen haben geringen praktischen Wert.

Ich möchte mich nicht auf Erklärungen einlassen, warum die Japaner nicht erfinderischer sind. Das Erfinden kann einer auf das Individuum gegründeten Kultur bedürfen mit sturen Persönlichkeiten, die hartnäckig an einer Idee festhalten können, welche allen anderen verrückt vorkommt. Wir können es auch auf praktischere Art anpacken, indem wir bewußt laterales Denken stimulieren, das ich in anderen Publikationen besprochen habe und auch in dem Teil über das Grüne-Hut-Denken bespreche.

11. Kapitel
Weißes-Hut-Denken
Fakten, Wahrheit und die Philosophen

Wie wahr ist eine Tatsache?
Welchen Wert haben die Sprachspiele der Philosophie?
Absolute Wahrheiten und »im großen und ganzen«

Wahrheit und Fakten hängen nicht so eng miteinander zusammen, wie die meisten Menschen zu glauben scheinen. Die Wahrheit ist auf ein Sprachspiel-System bezogen, das wir Philosophie nennen, Fakten sind auf überprüfbare Erfahrungen bezogen. Die praktisch Gesinnten unter Ihnen, die so etwas nicht besonders interessiert, können dieses Kapitel überspringen.

Wenn jeder Schwan, den wir zufällig sehen, weiß ist, können wir dann kühn behaupten, daß »alle Schwäne weiß sind«? Wir können es nicht nur, wir tun es. Im Augenblick ist diese Aussage eine richtige Zusammenfassung unserer Erfahrungen. In diesem Sinne ist sie auch eine Tatsache.

Der erste schwarze Schwan, den wir sehen, macht diese Aussage falsch. Erstaunlich unvermittelt sind wir von richtig zu falsch übergewechselt. Wenn wir uns jedoch auf Tatsachen konzentrieren, dann steht die Erfahrung, daß ich hundertmal weiße Schwäne gesehen habe, noch immer gegen die eine Erfahrung eines gesichteten schwarzen Schwans. Es ist also eine Erfahrungstatsache, wenn wir sagen: »Die meisten Schwäne sind weiß.« »Im großen und ganzen sind Schwäne weiß.« »Etwas mehr als 99 Prozent aller Schwäne sind weiß.«

Dieses »im großen und ganzen« ist ungeheuer praktisch (im großen und ganzen mögen Kinder Eis; im großen und ganzen benutzen Frauen Kosmetika), aber gänzlich untauglich für Logiker. In der Aussage »alle Schwäne sind weiß« kommt es auf das »alle« an. Denn die Logik muß von einer absoluten Wahrheit zur nächsten weiterschreiten: »Wenn dies wahr ist ... dann folgt daraus ...«

Wenn wir auf den ersten schwarzen Schwan treffen, wird die Aussage »alle Schwäne sind weiß« falsch. Es sei denn, wir wollten den schwarzen Schwan anders benennen. Dann wird das zu einer Sache von Wörtern und Definitionen. Wenn wir Weiß als wesentlichen Bestandteil der Definition eines Schwanes beibehalten wollen, dann ist der schwarze Schwan etwas anderes. Wenn wir Weiß als wesentlichen Bestandteil der Definition nicht mehr aufrechterhalten, dann können wir den schwarzen Schwan mit einbeziehen. Wir gründen dann die Definition eines Schwanes auf andere Merkmale. Im Entwerfen und Handhaben solcher Definitionen liegt das Wesen der Philosophie.

Das Weiße-Hut-Denken befaßt sich mit brauchbarer Information. Die »Im großen und ganzen«-Redeweise ist völlig akzeptabel. Statistiken sind dazu da, dieser ziemlich ungenauen Redeweise einige Genauigkeit zu verleihen. Nicht immer ist es möglich, Statistiken anzulegen, und deshalb müssen wir häufig unser Zweistufensystem anwenden: Glaube, überprüfte Tatsache.

- »Im großen und ganzen geraten Firmen, die sich bei ihren Ausgaben nach einem errechneten zukünftigen Absatz richten, in Schwierigkeiten« (man könnte allerdings auf einige Firmen hinweisen, die dies mit Erfolg getan haben).

- »Gewöhnlich steigt der Absatz mit sinkenden Preisen« (steigende Immobilienpreise können allerdings aus Spe-

kulationsgründen, aus Angst vor Inflation oder aus Angst, später nicht mehr mitbieten zu können, zu vermehrten Käufen führen).
- »Wer hart arbeitet, hat Erfolg im Leben« (viele hart arbeitende Leute sind nicht besonders erfolgreich).

Es gibt eine Skala von Wahrscheinlichkeiten, die folgendermaßen aussehen könnte:
- immer richtig
- gewöhnlich richtig
- im allgemeinen richtig
- im großen und ganzen
- meistens
- etwa in der Hälfte der Fälle
- oft
- manchmal richtig
- gelegentlich richtig
- soll vorgekommen sein
- niemals richtig
- kann nicht richtig sein (widersprüchlich)

Bis zu welchem Punkt auf dieser Skala darf man in der Weißen-Hut-Rolle gehen?

Wie vorher schon, liegt die Antwort darauf in der Formulierung der Information. Es kann beispielsweise nützlich sein, etwas zu wissen, das nur sehr selten eintritt.
- »Masern sind gewöhnlich harmlos, aber *manchmal* treten danach Folgekrankheiten auf, etwa Mittelohrentzündung.«
- »In *ganz seltenen* Fällen kann auf eine Masernschutzimpfung Enzephalitis folgen.«
- »*Man hat schon erlebt,* daß Hunde dieser Rasse nach Kindern schnappen, wenn man sie reizt.«

Daß diese Art von Information ihren Wert hat, ist offenkundig. Doch gibt es da ein Dilemma. Die Erkenntnis, daß auf eine Masernschutzimpfung eine Gehirnhautentzündung folgen kann, könnte bei Menschen Befürchtungen wecken, die die eigentliche statistische Gefahr um ein Vieltausend-faches übersteigen. Es kann also wichtig sein, genaue Zahlen zu nennen, um unbeabsichtigte Fehlinformationen zu vermeiden.

Sind beim Weißen-Hut-Denken Anekdoten zugelassen?
– »Es gab einen Mann, der ohne Fallschirm aus dem Flugzeug fiel und überlebte.«
– »Ford soll den ›Edsel‹ aufgrund von Marktanalysen entworfen haben, und er war ein absoluter Reinfall.«

Hierbei kann es sich wirklich um eine Feststellung von Tatsachen handeln, und als solche darf sie der Weiße-Hut-Denker vorbringen. Sie müssen aber als »Anekdoten« oder »Beispiele« gefaßt sein.
– »Auf Marktanalysen basierende Entwürfe können oft fehlschlagen. Nehmen Sie etwa das Auto der Marke ›Edsel‹, dessen Entwurf auf Marktanalysen basiert haben soll. Es war ein absoluter Fehlschlag.«

Diese Feststellung ist kein legitimes Weißes-Hut-Denken – es sei denn, Sie könnten die Behauptung, daß auf Marktanalysen basierende Entwürfe fehlschlagen, in weit größerem Umfang untermauern. – Katzen können von Dächern fallen, aber es ist untypisch für sie.

Ausnahmen fallen einfach deshalb auf, weil sie Ausnahmen sind. Wir bemerken schwarze Schwäne, weil sie normalerweise eine winzige Minderheit darstellen. Uns fällt der Mann auf, der ohne Fallschirm einen Sturz aus dem Flugzeug überlebt, weil dies einigermaßen ungewöhnlich ist. Aus ebendiesem Grunde wird immer auf den »Edsel« hingewiesen.

Weißes-Hut-Denken will praktisch sein. Deshalb müssen wir alle möglichen Informationen vorbringen können. Ausschlaggebend ist die angemessene Formulierung.
– »Alle Fachleute sagen voraus, daß die Zinsen bis zum Ende des Jahres fallen werden.«
– »Ich habe mit vier Fachleuten gesprochen, und alle ha-

ben vorausgesagt, daß die Zinsen bis zum Jahresende fallen werden.«

– »Ich habe mit Herrn Flint, Herrn Ziegler, Frau Cagliatto und Herrn Suarez gesprochen, und alle haben vorausgesagt, daß die Zinsen bis zum Jahresende fallen werden.«

Wir sehen hier drei Genauigkeitsstufen. Selbst die dritte Stufe mag noch nicht ausreichen. Vielleicht möchte ich wissen, *wann* Sie mit diesen Fachleuten gesprochen haben.

Das Weiße-Hut-Denken kennt nichts Absolutes. Es ist eine Richtung, die wir mit dem Bemühen einschlagen, immer besser zu werden.

12. Kapitel
Weißes-Hut-Denken
Wer setzt den Hut auf?

Setzen Sie Ihren eigenen Hut auf!
Fordern Sie jemanden auf, den Hut aufzusetzen!
Fordern Sie alle auf, den weißen Hut aufzusetzen!
Beschließen Sie, mit aufgesetztem Hut zu antworten!

Die meisten Situationen werden durch diese Sätze abgedeckt. Es läuft darauf hinaus, daß Sie andere auffordern, daß Sie aufgefordert werden oder daß Sie selbst entscheiden können.

»Was ist bei unserer Verkaufskampagne schiefgelaufen?«

»Um diese Frage zu beantworten, werde ich jetzt meinen weißen Hut aufsetzen. Wir haben 34 Prozent der Einzelhändler erreicht. Nur 60 Prozent von ihnen haben unser Produkt genommen. Von diesen wiederum haben 40 Prozent zwei Artikel zur Probe übernommen. 70 Prozent der Leute, mit denen wir sprachen, sagten, der Preis sei zu hoch. Es sind zwei konkurrierende Produkte auf dem Markt, die billiger sind.«

»Jetzt lassen Sie mich Ihr Rotes-Hut-Denken hören.«

»Wir haben ein schlechtes Produkt, dessen Preis zu hoch angesetzt ist. Wir haben ein schlechtes Image auf dem Markt. Die Werbung der Konkurrenz ist besser und intensiver. Wir sind für die wirklich guten Verkäufer nicht attraktiv.«

Die »Gefühls«-Aspekte des rothütigen Denkens mögen in diesem Falle wichtiger sein. Aber diese »Gefühls«-Aspekte dürfen unter dem weißen Hut niemals vorgebracht werden – außer als Wiedergabe dessen, was potentielle Kunden gesagt haben.

– »Fangen wir an, indem wir alle unsere weißen Denk-Hüte aufsetzen und sagen, was wir über Jugendkriminalität wissen. Was für Zahlen gibt es? Wo liegen Berichte vor? Wer kann etwas aussagen?«

– »Sie haben mir gesagt, daß Sie Computer bestellen werden. Können Sie mich Ihr Weißes-Hut-Denken dazu hören lassen?«

– »Ich will nicht Ihre Vermutungen darüber hören, was geschehen würde, wenn wir unsere Transatlantikflüge auf 250 Dollar verbilligten. Ich möchte Ihr Weißes-Hut-Denken.«

Es ist klar, daß Weißes-Hut-Denken so wertvolle Aspekte wie Ahnung, Intuition, Erfahrungsurteil, Gefühl, Eindruck und Meinung ausschließt. Das ist natürlich der Zweck des weißen Hutes – eine Methode zu haben, mit der einzig und allein Informationen eingeholt werden.

– »Sie wollen mein Weißes-Hut-Denken darüber hören, warum ich eine andere Stelle annehme. Das Gehalt ist nicht besser. Die Vergünstigungen sind nicht besser. Die Entfernung von zu Hause ist die gleiche. Die Aufstiegschancen sind die gleichen. Die Art der Arbeit ist genau die gleiche. Das ist alles, was ich unter dem weißen Hut sagen kann.«

13. Kapitel
Zusammenfassung des Weißen-Hut-Denkens

Stellen Sie sich einen Computer vor, der die Fakten und Zahlen liefert, nach denen er gefragt worden ist. Der Computer ist neutral und objektiv. Er bietet weder Interpretationen noch Meinungen an. Wenn der Denker den weißen Denk-Hut trägt, sollte er einen Computer nachahmen.

Derjenige, der die Information wünscht, sollte präzise fragen, um die Informationen zu erhalten oder Informationslücken auszufüllen.

In der Praxis besteht ein zweistufiges Informationssystem. Auf der ersten Stufe stehen die überprüften und bewiesenen Fakten – Fakten ersten Ranges. Auf der zweiten Stufe stehen die Fakten, die für wahr gehalten werden, die aber noch nicht vollständig überprüft worden sind – zweitrangige Fakten also.

Es gibt eine Wahrscheinlichkeitsskala, die von »immer richtig« bis »niemals richtig« reicht. Dazwischen liegen brauchbare Abstufungen wie »im großen und ganzen«, »manchmal« und »gelegentlich«. Informationen dieser Art können unter dem weißen Hut gegeben werden, vorausgesetzt, Sie benutzen eine angemessene Formulierung, um den Wahrscheinlichkeitsgrad zu kennzeichnen.

Weißes-Hut-Denken ist zugleich eine Disziplin und eine Richtung. Der Denker strebt danach, immer neutraler und objektiver bei der Informationsübermittlung vorzugehen. Sie können aufgefordert werden, den weißen Denk-Hut aufzusetzen, Sie Ihrerseits können jemanden dazu auffordern, das zu tun, Sie können natürlich auch selbst beschließen, ihn auf- oder abzusetzen.

Weiß (als Abwesenheit von Farbe) deutet auf Neutralität hin.

14. Kapitel
Der rote Hut
Emotionen und Gefühle

Das Gegenteil von neutraler, objektiver Information
Ahnungen, Intuitionen, Eindrücke
Keine Rechtfertigung nötig
Gründe und Ausgangsbasis müssen nicht genannt werden!

Rotes-Hut-Denken dreht sich um Emotionen, Gefühle und die irrationalen Aspekte des Denkens. Der rote Hut bietet einen klar umrissenen Weg an, all dies zur Sprache zu bringen – als legitimen Bestandteil der Gesamtkarte. Wenn Emotionen und Gefühle beim Denkprozeß nicht zugelassen sind, werden sie, im Hintergrunde lauernd, das gesamte Denken auf versteckte Art beeinflussen. Emotionen, Gefühle, Ahnungen und Intuitionen sind mächtig und real. Der rote Hut trägt dem Rechnung.

Rotes-Hut-Denken ist fast das genaue Gegenteil von Weißem-Hut-Denken, das neutral, objektiv und ohne jeden emotionalen Beigeschmack ist.

- »Fragen Sie mich nicht, warum. Mir gefällt dieses Geschäft einfach nicht. Daran ist was faul.«
- »Ich kann ihn nicht leiden, und ich will keine Geschäfte mit ihm machen. Das ist alles.«
- »Ich habe so eine Ahnung, daß das Stück Land hinter der Kirche in ein paar Jahren eine Menge wert sein wird.«
- »Dieses Design ist scheußlich. Das kommt doch niemals an. Das ist eine riesige Geldverschwendung.«

- »Ich habe eine Schwäche für Henry. Ich weiß, er ist ein Schwindler, und uns hat er ja auch schon ganz schön reingelegt. Aber er hat es elegant gemacht. Ich mag ihn.«
- »Ich habe so ein Gefühl in der Magengegend, daß dieses Geschäft niemals gutgehen wird. Das muß in einem teuren Rechtsstreit enden.«
- »Das ist eine Pattsituation, ich spür's. Was immer wir machen, ist falsch. Sehen wir zu, daß wir da rauskommen.«
- »Ich finde es nicht fair, diese Information bis nach dem Geschäftsabschluß zurückzuhalten.«

Jeder Denker, der solcherart Gefühle ausdrücken möchte, sollte nach dem roten Hut greifen. Dieser Hut erteilt die offizielle Erlaubnis für das Ausdrücken von Gefühlen, die von der reinen Emotion bis zur Ahnung reichen. Beim Roten-Hut-Denken müssen Gefühle *niemals* gerechtfertigt oder erklärt werden. Hier können Sie die Rolle des emotionalen Denkers spielen, der reagiert und fühlt und nicht einen rationalen Schritt nach dem anderen macht.

15. Kapitel
Rotes-Hut-Denken
Die Stellung der Emotionen im Denken

Verderben Emotionen das Denken, oder gehören sie dazu?
Wann kommen Emotionen ins Spiel?
Können emotionale Menschen gute Denker sein?

Traditionellerweise gilt, daß Emotionen das Denken verderben. Der gute Denker ist angeblich kühl und distanziert und von Emotionen unbeeinflußt. Er hat objektiv zu sein und die Fakten als solche und nicht in ihrer Relevanz für seine emotionalen Bedürfnisse zu bedenken. Ja, es wird sogar manchmal behauptet, daß Frauen viel zu emotional seien, um gute Denker abzugeben. Frauen fehle die Objektivität, die für gute Entscheidungen nötig sei.

Und doch muß jede gute Entscheidung am Ende emotional sein, mit Betonung auf »am Ende«. Wenn wir mit Hilfe des Denkens eine Karte angefertigt haben, dann wird die Wahl der Route von Werten und Emotionen bestimmt. Darauf werde ich später noch eingehen.

Emotionen verleihen unserem Denken Relevanz und passen dieses Denken an unsere Bedürfnisse und an den augenblicklichen Kontext an. Sie sind ein notwendiger Teil der Gehirntätigkeit und keineswegs ein Überbleibsel aus der Frühzeit einer noch animalischen Lebensweise.

Es gibt drei Möglichkeiten, wie Emotionen das Denken beeinflussen können.

Es könnte beispielsweise eine starke Hintergrund-Emotion, wie Angst, Wut, Haß, Mißtrauen, Eifersucht oder Liebe, vorhanden sein. Dieser Hintergrund beschränkt und färbt jede Wahrnehmung. Der Zweck des Roten-Hut-Denkens ist, diesen Hintergrund sichtbar zu machen, so daß sein Einfluß in der Folge beobachtet werden kann. Das gesamte Denken kann von solch einer Hintergrund-Emotion beherrscht werden, die mit einer Person oder einer Situation zusammenhängt oder aber andere Gründe haben kann.

Im zweiten Fall wird die Emotion von der anfänglichen Wahrnehmung ausgelöst. Sie nehmen wahr, daß Sie von jemandem beleidigt worden sind – und von da an ist Ihr ganzes Denken über die betreffende Person von diesem Gefühl gefärbt. Sie nehmen wahr (vielleicht irrtümlich), daß jemand etwas aus Eigennutz sagt – und von da an nehmen Sie alles, was diese Person äußert, mit Vorbehalt auf. Wir sind mit solchen vorschnellen Urteilen rasch bei der Hand und werden schnell zu Gefangenen der Emotionen, die sie freisetzen. Das Rote-Hut-Denken ermöglicht es uns, solche Gefühle geradewegs an die Oberfläche zu bringen, sobald sie entstehen.

- »Wenn ich meinen roten Hut aufsetzte, würde ich sagen, daß Ihr Angebot eher Ihren eigenen Interessen als denen der Firma zu dienen scheint.«
- »Mein Rotes-Hut-Denken sagt mir, daß Sie sich der Fusion widersetzen wollen, um Ihren Job zu retten – und nicht etwa zum Wohl der Aktionäre.«

Der dritte Fall, wo Emotionen ins Spiel kommen können, tritt ein, wenn eine Karte der Situation angefertigt worden ist. Solch eine Karte sollte auch die Emotionen enthalten, die das Rote-Hut-Denken ans Tageslicht gefördert hat. Emotionen – sehr viel Eigennutz miteingeschlossen – werden dann ins Spiel gebracht, um die Route auf der Karte festzulegen. Jede Entscheidung basiert auf Werten, und auf

Werte reagieren wir emotional. Unsere Reaktion auf den Wert der Freiheit ist emotional (besonders wenn wir der Freiheit beraubt waren).

– »So, ein klareres Bild von der Situation, als wir es jetzt haben, werden wir nicht bekommen. Deshalb setzen wir jetzt alle unseren roten Denk-Hut auf und treffen unsere emotionale Wahl des Vorgehens.«

– »Von den beiden Alternativen – Fortsetzung des Streiks oder Verhandeln – ziehe ich die erstere vor. Meinem Gefühl nach ist die Zeit für Verhandlungen noch nicht gekommen. Keine der beiden Seiten ist getroffen genug, um irgend etwas aufgeben zu wollen.«

Wer es nützlich findet, die Emotionen, die mit dem Denken über einen bestimmten Gegenstand einhergehen, auszudrücken, dem liefert das Rote-Hut-Idiom eine Möglichkeit, diese Emotionen zu legitimieren, so daß sie ihren Platz auf der endgültigen Karte einnehmen können.

Aber könnte das Rote-Hut-Denken jemals die Emotionen ans Licht bringen, die geheim bleiben müssen?

– »Ich bin gegen seine Einstellung, weil ich auf ihn und seinen schnellen Aufstieg eifersüchtig bin.«

Würde jemand solche Eifersucht wirklich preisgeben? Wahrscheinlich nicht. Aber das Rote-Hut-Idiom gestattet einen anderen, nicht so direkten Weg:

– »Ich werde jetzt meinen roten Hut aufsetzen und dann sagen, daß ich das Gefühl habe, der Widerstand gegen Annes Beförderung könnte, jedenfalls teilweise, auf Eifersucht beruhen.«

Oder auch:

– »Ich werde jetzt unter meinem roten Hut in Deckung gehen und sagen, daß ich gegen Annes Beförderung bin. Rein gefühlsmäßig.«

Es sollte auch nicht vergessen werden, daß Sie sich ganz privat in Ihren Gedanken entschließen können, den roten Denk-Hut aufzusetzen. Das ermöglicht es Ihnen, Ihre Emotionen auf legitime Weise an die Oberfläche gelangen zu lassen.

- »Hier könnte ein Moment der Angst mit hineinspielen. Angst vor der Mühe, die ein Stellenwechsel mit sich bringt.«
- »Ja, ich bin sehr wütend. Im Augenblick möchte ich mich einfach nur rächen. Ich lasse mich nicht gern übers Ohr hauen.«
- »Ich muß zugeben, daß ich mich in dem Job einfach nicht wohl fühle.«

Das Rote-Hut-Denken ermutigt zum Nachforschen: »Welche Emotionen sind hier eigentlich beteiligt?«

16. Kapitel
Rotes-Hut-Denken
Intuition und Ahnungen

Wie stichhaltig sind Intuitionen?
Wie wertvoll sind Intuitionen?
Wie sollen Intuitionen eingesetzt werden?

Das Wort »Intuition« wird auf zweierlei Weise gebraucht. Jede ist richtig, doch sind jeweils völlig andere Hirnfunktionen im Spiel. Das Wort »Intuition« kann im Sinne eines plötzlichen Erkennens gebraucht werden. Es bedeutet dann, daß man etwas, was man in einer bestimmten Weise gesehen hat, plötzlich anders sieht. Das Ergebnis kann Kreativität, eine wissenschaftliche Entdeckung oder ein mathematischer Sprung nach vorn sein.

– »Verlagern Sie Ihre Aufmerksamkeit vom Gewinner auf die Verlierer, und Sie werden schnell wahrnehmen, daß 131 Teilnehmer eines Einzels 130 Spiele brauchen, um 130 Verlierer hervorzubringen.«

Der andere Wortgebrauch von »Intuition« ist das unmittelbare Erfassen oder Verstehen einer Situation. Es ist das Ergebnis eines komplexen, auf Erfahrung beruhenden Urteils – eines Urteils, das nicht zergliedert und nicht einmal in Worte gefaßt werden kann. Wenn man jemanden als Freund erkennt, dann geschieht das augenblicklich – aufgrund eines komplexen, auf vielen Faktoren beruhenden Urteils.

– »Ich habe eine Intuition, daß sich dieses elektrische Auto einfach nicht verkaufen wird.«

Eine solche Intuition kann auf der Kenntnis des Marktes, auf der Erfahrung mit ähnlichen Produkten und dem Einblick in Kaufentscheidungen innerhalb dieser Preisklasse beruhen.

Mit diesem »komplexen« Urteils-Typ von Intuition will ich mich hier beschäftigen.

Intuition, Ahnung und Gefühl liegen dicht beieinander. Eine Ahnung ist eine auf Intuition beruhende Hypothese. Gefühl kann von einer Art ästhetischer Empfindung (fast einer Geschmackssache) bis zu einem klar umrissenen Urteil reichen.

– »Ich habe das Gefühl, daß er abspringen wird, wenn es hart auf hart geht.«

– »Ich habe das ausgesprochene Gefühl, daß dieser Busfahrschein und dieses Fahrrad entscheidende Anhaltspunkte bei der Suche nach dem Mörder sind.«

– »Ich habe das Gefühl, daß dies nicht die richtige Theorie ist. Sie ist zu komplex und zu unordentlich.«

Erfolgreiche Wissenschaftler, erfolgreiche Unternehmer und erfolgreiche Generäle – sie alle scheinen diesen »Riecher« für Situationen zu haben. Von einem Unternehmer sagen wir, daß er »Geld riecht«. Diese Aussage will wohl sagen, daß die Profite nicht so offensichtlich sind, daß jeder sie sieht, daß aber der Unternehmer mit einem speziell entwickelten Geruchssinn für Geld sie ausmachen kann.

Intuition ist durchaus nicht unfehlbar. Beim Glücksspiel führt Intuition bekanntermaßen in die Irre. Wenn die Kugel beim Roulette achtmal hintereinander auf Rot gefallen ist, dann sagt einem die Intuition, daß als nächstes Schwarz an die Reihe kommen wird. Und doch bleiben die Chancen genau die gleichen. Der Spieltisch kann sich nicht erinnern.

Wie gehen wir also mit Intuition und Gefühl um?

Vor allem erkennen wir ihnen ihre Berechtigung im Rahmen des Roten-Hut-Denkens zu. Der rote Hut gestattet uns, andere nach ihren Gefühlen zu fragen und sie auch als einen echten Bestandteil des Denkens auszudrücken. Vielleicht sollten Emotionen und Intuitionen verschiedene Hüte haben, aber das würde die Sache bloß komplizieren. Ich meine, es ist möglich, sie zusammen unter der Überschrift »Gefühle« zu behandeln, auch wenn sie ihrer Natur nach verschieden sind.

Wir können versuchen, die Gründe für ein intuitives Urteil zu analysieren, aber wir werden damit wahrscheinlich keinen vollen Erfolg haben. Wenn wir die Gründe nicht genau benennen können – sollten wir dann dem Urteil trauen?

Es wäre schwierig, eine größere Investition auf der Grundlage einer Ahnung zu machen. Es ist am besten, die Intuition als Teil der Karte zu behandeln.

Die Intuition sollte man wie einen Berater behandeln. Wenn der Berater in der Vergangenheit verläßlich war, hören wir wahrscheinlich um so mehr auf seinen Rat. Wenn unsere Intuition bei vielen Anlässen richtig war, folgen wir ihr bereitwilliger.

- »Alle Gründe sprechen gegen eine Preissenkung, aber meine Intuition sagt mir, daß sie der einzige Weg ist, um Marktanteile zurückzugewinnen.«

Ein erfahrener Immobilienhändler beispielsweise entwikkelt eine Antenne für Gelegenheiten. Seine gesammelte Erfahrung drückt sich in Gestalt einer Intuition aus, die ihm sagt, welche Geschäfte er machen und von welchen er die Finger lassen soll. Diese Intuition kann in bezug auf den Immobilienmarkt sehr wertvoll sein, weil sie aus der Erfahrung abgeleitet ist, aber die Intuition des Immobilienhändlers, auf das Ergebnis einer Präsidentschaftswahl übertragen, mag weniger nützlich sein.

Man kann Intuition aber auch unter dem Gesichtspunkt: »Man kann nicht immer gewinnen!« sehen. Sie mag nicht jedesmal richtig gewesen sein, aber wenn sie öfter richtig als falsch war, dann ist das Gesamtergebnis positiv.

Es wäre gefährlich, der Intuition die Unfehlbarkeit eines mystischen Orakels zuzuschreiben. Doch sie ist ein Teil des Denkens. Sie ist da. Sie ist wirklich. Und sie kann etwas beisteuern.

- »Können Sie bitte Ihre Intuition hinsichtlich dieses Zusammenschlusses rothütig ausdrücken?«
- »Mein Rothut-Gefühl sagt mir, daß die Immobilienpreise bald wieder in die Höhe schnellen werden.«
- »Lassen Sie mich Ihren roten Hut zu dieser Werbekampagne wissen, ja?«
- »Mein roter Hut sagt mir, daß dieses Angebot nicht akzeptiert werden wird.«

Wo treffen sich Intuition und Meinung? Wir haben gesehen, daß der weiße Denk-Hut eine Kundgabe von Meinungen nicht erlaubt (obwohl er die Wiedergabe der geäußerten Meinung anderer durchaus zulassen kann). Der Grund ist, daß Meinung auf Beurteilung, Interpretation und Intuition beruht. Das Gewicht mag dabei mehr auf der Beurteilung bekannter Fakten oder auf dem Gefühl – hervorgerufen durch unbekannte Faktoren – liegen. Meinungen kann man unter dem roten, dem schwarzen oder dem gelben Hut äußern. Wenn man den roten Hut benutzt, drückt man eine Meinung am besten als Gefühl aus:

- »Ich habe das Gefühl, daß Langeweile an einem Großteil der Jugendkriminalität schuld ist.«
- »Ich habe das Gefühl, daß die Kinokassen ein paar spektakuläre Hits brauchen, für die ordentlich geworben wird.«

17. Kapitel
Rotes-Hut-Denken
Von einem Augenblick zum anderen

Reagieren und die Fassung verlieren
So empfinde ich diese Sitzung
Seine Gefühle zeigen oder verbergen

Rote-Hut-Gefühle können jederzeit während einer Sitzung, einer Diskussion oder eines Gespräches gezeigt werden. Diese Gefühle können sich auch auf die Art, wie eine Sitzung geleitet wird, beziehen und nicht nur auf den Diskussionsgegenstand.

– »Ich greife jetzt nach meinem roten Denk-Hut und sage Ihnen dann, daß mir die Art nicht gefällt, in der diese Sitzung geleitet wird.«

– »Ich möchte ein Rote-Hut-Statement abgeben. Ich habe das Gefühl, wir werden hier so unter Druck gesetzt, daß wir gegen unseren Willen zustimmen.«

– »Mr. Hooper, meiner Rothut-Ansicht nach hören Sie niemandem zu.«

Angesichts des natürlichen Emotionsflusses, der während jeder Besprechung stattfindet, mag die Übereinkunft, den roten Hut zu benutzen, artifiziell und unnötig erscheinen. Muß man wirklich den roten Hut »aufsetzen«, um ärgerlich zu sein? Ist es nicht möglich, Gefühle durch Blicke und Tonfall auszudrücken?

Es ist ebenjene *Künstlichkeit*, in der der wahre Wert des

roten Hutes liegt. Normalerweise brauchen Emotionen einige Zeit, um aufzusteigen – und länger noch, um nachzulassen. Da grollt man und schmollt. Man ist gekränkt und kränkt andere. Der rote Hut erlaubt es, gewissermaßen in wenigen Augenblicken die emotionale Ebene zu betreten und wieder zu verlassen. Man setzt den roten Hut auf und wieder ab. Unter dem roten Hut geäußerte Ansichten sind weniger persönlich als die ohne ihn geäußerten, denn der rote Hut wird als Konvention erkannt.

Die schiere Notwendigkeit, den roten Hut »aufsetzen« zu müssen, reduziert die Streitereien. Keiner hat Lust, jedesmal den roten Hut aufzusetzen, wenn er meint, irgendwie gekränkt worden zu sein. Und wenn sich das Rote-Hut-Idiom erst einmal durchgesetzt hat, werden Gefühlsäußerungen ohne diese Formalisierung schließlich krude wirken.

Da der rote Hut Gefühle und Emotionen in definitive Bahnen lenkt, brauchen sie nicht dauernd störend den Denkprozeß zu hindern. Wer immer das Bedürfnis verspürt, emotional zu sein, kann dies nun auf eine eindeutig festgelegte Weise sein.

Es ist nicht mehr länger nötig, daß man versuchen muß, die Gefühle anderer zu erraten, sondern man hat die Möglichkeit, diese direkt zu erfragen.

– »Ich möchte, daß Sie Ihren roten Hut aufsetzen und mir sagen, was Sie von meinem Vorschlag halten.«

– »Ich habe den Verdacht, daß Sie mich nicht mögen. Ich möchte eine Rote-Hut-Antwort.«

Verliebte Leute möchten, daß ihr Partner das entscheidende Wort ausspricht, selbst wenn sie an seinem Gehalt nicht zweifeln.

– »Ich möchte mal eben von einer Roten-Hut-Position aus sprechen und sagen, daß ich mit dem bisherigen Verlauf der Konferenz sehr zufrieden bin. Ist das die allgemeine Ansicht?«

– »Ich habe das Gefühl, wir alle wollen, daß der Vertrag

abgeschlossen und unterschrieben wird. Mr. Morrison, können Sie mir Ihren Standpunkt dazu unter dem roten Hut darlegen?«

Das Rote-Hut-Idiom sollte nicht übertrieben oder bis zur Absurdität überbeansprucht werden. Es ist vollkommen unnötig, jedesmal das Idiom förmlich anzuwenden, wenn ein Gefühl geäußert wird. Das Idiom sollte nur dann angewandt werden, wenn ein Gefühl in einer klar umrissenen und formellen Art und Weise ausgedrückt oder erfragt wird.

- »Wenn Sie nicht mit Ihren Rote-Hut-Statements aufhören, dann nehme ich Ihnen Ihren roten Hut weg.«
- »Können wir eben mal ein allgemeines Rote-Hut-Statement von Ihnen hören? Und dann lassen wir es. Was für ein Gefühl haben Sie bei dieser Sache?«
- »Ich möchte bloß ein einziges Mal die Gelegenheit haben, ein Rote-Hut-Statement abzugeben. Dann lege ich den Hut weg und benutze ihn nicht mehr.«

18. Kapitel
Rotes-Hut-Denken
Der Gebrauch von Emotionen

Kann das Denken Emotionen verändern?
Der emotionale Hintergrund
Emotionen als Verhandlungsposition
Emotionen, Werte und Entscheidungen

Wenn Emotionen erst einmal mit Hilfe des Roten-Hut-Idioms ins Offene gebracht worden sind, dann kann man versuchen, sie zu erforschen und sogar zu verändern. Das ist dann allerdings nicht mehr Teil des Rote-Hut-Idioms.

Das Denken kann Emotionen verändern. Dies geschieht freilich nicht mit dem logischen Teil, sondern mit dem Wahrnehmungsteil. Wenn wir etwas anders sehen als vorher, dann ändern sich unter Umständen unsere Emotionen mit der veränderten Wahrnehmung.

– »Betrachten Sie es nicht als Niederlage. Betrachten Sie es als einen wirksamen Weg, die Schwächen und Stärken seines Tennisspiels herauszufinden.«

– »Wäre dieses Angebot annehmbar, wenn es als Initiative von Ihrer Seite käme?«

– »Verbuchen Sie es als auf a conto gesammelter Erfahrungen und schreiben Sie es nicht als Fehleinschätzung ab. Lernen ist immer teuer. Das können wir uns in Zukunft ersparen.«

Geäußerte Emotionen können den konstanten Hintergrund für das Denken oder Diskutieren bilden. Man ist sich dann dieses emotionalen Hintergrundes fortwährend bewußt. Man sieht, wie vor diesem Hintergrund Entscheidungen getroffen und Pläne gemacht werden. Hin und wieder ist es nützlich, sich einen anderen Hintergrund vorzustellen, um dann zu sehen, wie sich die Dinge verändern würden.

- »Wir alle wissen, daß diese Verhandlungen vor einem Hintergrund äußersten Mißtrauens ablaufen. Wollen wir einmal versuchen, uns vorzustellen, was wir dächten, wenn jede Seite der anderen wirklich traute?«

- »Es herrscht das Gefühl, daß sich nicht viel ändern wird, was immer wir auch beschließen. Die Ereignisse gehen ihren eigenen Gang. Stellen wir uns vor, es wäre nicht an dem und es läge in unserer Macht, die Dinge zu kontrollieren.«

- »Wir müssen uns wirklich des Hintergrundes von Ärger, der hier existiert, bewußt sein. Wir können ihn nicht ignorieren.«

Wie ich bereits früher gezeigt habe, sind Emotionen und Gefühle Teil der Farbgebung auf der Karte. Mit Hilfe der Roten-Hut-Übereinkunft können wir jene »Regionen« kennenlernen, die von einem emotionalen Standpunkt aus stark eingefärbt sind. Wenn wir dann Lösungen für Streitfragen ersinnen, können wir uns von solchen Gebieten fernhalten.

- »Die vorgeschlagene Einschränkung Ihrer Arbeit für Konkurrenzfirmen ist offensichtlich ein sensibler Punkt. Wir lassen das erst einmal beiseite.«

- »Die Gewerkschaftsführung wird niemals einer Regelung zustimmen, die als Lohnsenkung verstanden werden muß. Das hat sie deutlich genug gemacht.«

Emotionen werden oft benutzt, um Verhandlungspositionen zu schaffen. Ich meine damit nicht Schmollen, Drohen, Erpressen und Appelle an das Mitleid, ich meine den emotionalen Wert, der bestimmten Sachen zugeordnet ist. Das Prinzip des variablen Wertes liegt an der Wurzel jeden

Verhandelns. Etwas hat einen bestimmten Wert für eine Seite und einen anderen Wert für die andere Seite. Mit Hilfe des Roten-Hut-Denkens können diese Werte direkt ausgesprochen werden.

- »Die Möglichkeit, die Demarkationslinien der Gewerkschaft zu überschreiten, ist für unsere Produktivität sehr wichtig.«
- »Wir müssen darauf bestehen, daß das richtige disziplinarische Verfahren eingehalten wird. Wir behaupten nicht, daß Jones unschuldig ist, aber das vorgeschriebene Verfahren muß eingehalten werden.«

Man ist sich allgemein darüber einig, daß der letzte Zweck des Denkens die Befriedigung des Denkers ist. Also liegt der Zweck des Denkens letztlich darin, die geäußerten Emotionen zufriedenzustellen.

In dreifacher Hinsicht kommt es da zu Schwierigkeiten. Gelingt es der vorgeschlagenen Handlungsweise wirklich, die geäußerten Emotionen zufriedenzustellen?

- »Ich habe nicht das Gefühl, daß eine Preissenkung tatsächlich den Absatz steigern wird.«

Die zweite Schwierigkeit entsteht, wenn die Wunschbefriedigung einer Partei auf Kosten der anderen Partei geht.

- »Wir können die Überstunden erhöhen oder mehr Arbeiter einstellen. Das erstere würde denen nützen, die bereits Arbeit haben, das letztere einigen von denen nützen, die jetzt arbeitslos sind.«

Der dritte Grund für Schwierigkeiten ist der Konflikt zwischen kurzfristiger und langfristiger Zufriedenheit. Ein grundlegender Satz des Christentums drückt das sehr deutlich aus: »Was hülfe es dem Menschen, wenn er die ganze Welt gewönne und nähme an seiner Seele Schaden?«

- »Wir können die Anzeigenpreise heraufsetzen und sofort Mehreinnahmen erzielen. Aber langfristig werden wir damit unsere Kunden zu anderen Medien treiben.«
- »Wenn wir die Preise senken, um Kunden von anderen

Fluggesellschaften zu uns herüberzuziehen, mag uns das einen vorübergehenden Vorteil bringen. Dann werden sich aber die anderen unseren Preisen anpassen, und dann könnten wir diese Kunden wieder verlieren. Die niedrigere Gewinnspanne aber würde uns bleiben.«

- »Ich würde diesen Teller Pommes frites wirklich gern essen, aber für meine Figur wäre das Gift.«
- »Ich werde in dieses Stück Geld investieren, denn ich mag Nerida, die die Hauptrolle spielt, und ich möchte sie noch viel häufiger sehen.«
- »Ich möchte als jemand gelten, der bereit ist, aufregende neue technische Unternehmen zu unterstützen, aber langfristig gesehen weiß ich, daß sich meine Investoren ein stetiges Wachstum wünschen.«

Emotionen sind ein Teil sowohl der Art und Weise, wie man denkt, als auch der zu bedenkenden Inhalte. Es hat keinen Zweck, darauf zu hoffen, daß sie ausbleiben und das Feld dem reinen Denken überlassen werden.

19. Kapitel
Rotes-Hut-Denken
Die Sprache der Emotionen

Emotionen brauchen nicht logisch oder konsequent zu sein
Emotionen können auf die Situation sprachlich fein
abgestimmt werden
Widerstehen Sie der Versuchung, Emotionen zu rechtfertigen

Die Versuchung, eine geäußerte Emotion zu rechtfertigen, liegt nahe. Solch eine Rechtfertigung mag richtig oder falsch sein – in jedem Falle macht der rote Denk-Hut sie unnötig. Widerstehen Sie also der Versuchung, auch wenn dies das schwierigste beim Tragen des roten Denk-Hutes ist.

- »Es ist völlig egal, warum Sie ihm mißtrauen. Sie mißtrauen ihm.«
- »Ihnen gefällt der Gedanke, ein Büro in New York zu haben. Es ist nicht nötig, ins Detail zu gehen, warum Ihnen dieser Gedanke gefällt. Das können wir später tun, wenn wir einer Entscheidung darüber näherkommen.«

Wir sind dazu erzogen worden, uns für Emotionen und Gefühle zu entschuldigen, weil sie nicht der Stoff sind, aus dem logisches Denken besteht. Deswegen neigen wir dazu, sie als eine Erweiterung der Logik zu behandeln. Wenn wir jemanden nicht mögen, muß es einen guten Grund dafür geben. Wenn uns ein Vorhaben gefällt, muß dies logisch begründbar sein. Rotes-Hut-Denken befreit uns von solchen Verpflichtungen.

Bedeutet dies, daß es uns freisteht, jedes beliebige Vorurteil zu haben und zu pflegen? Liegt darin nicht eine ungeheure Gefahr? Im Gegenteil. Eine größere Gefahr liegt wohl in Vorurteilen, die scheinbar logisch fundiert sind, als in jenen, deren emotionaler Charakter zugegeben wird.

Ich habe nichts gegen die Erforschung von Emotionen und ihren Ursachen. Aber das gehört nicht zum Roten-Hut-Idiom.

Emotionen sind unbeständig und häufig inkonsequent. In einem Fragebogen wurden Amerikaner befragt, ob sie ein Engagement in Zentralamerika befürworteten. Die Mehrzahl war dafür. Und doch gab es auch eine Mehrheit gegen jede der vorgeschlagenen Methoden eines solchen Engagements. Es ist möglich, abstrakt für ein Engagement zu sein, und dagegen, wenn es an die konkrete Ausführung geht. Logisch gesehen, ergibt das keinen Sinn, in der Welt der Emotionen geht das aber.

Die Rote-Hut-Übereinkunft ist keine Trompete, mit der man seine Emotionen ausposaunt, obwohl einige Leute versucht sein mögen, sie so einzusetzen. Sie ähnelt vielmehr einem Spiegel, der die Emotionen in all ihrer Komplexität reflektiert.

Es heißt, daß die Eskimos zwanzig Wörter für Schnee haben. Es gibt Kulturen, die ebenso viele Wörter für die verschiedenen Nuancen der Liebe kennen. Das Englische und viele andere europäische Sprachen haben dagegen im allgemeinen Sprachgebrauch keine große Auswahl gefühlsanzeigender Wörter.

Da sind mögen/nicht mögen, hassen/lieben, gefällt/gefällt nicht, glücklich/unglücklich. Wir könnten zum Beispiel ein Wort brauchen, das eine unentschieden-positive Haltung, ein anderes, das eine unentschieden-negative Haltung anzeigt und dokumentiert. So hat das Wort »mißtrauisch« einen zu eindeutig negativen Charakter.

Da es uns beim Roten-Hut-Denken möglich ist, unsere

Emotionen beherzt und offen zu äußern, können wir danach streben, sie sprachlich so fein abzustimmen, daß sie genau auf die jeweilige Situation passen. Ohne den roten Hut tendieren wir dazu, uns auf die gröberen Worte zu beschränken, die wir dann durch Tonfall und Gesichtsausdruck ergänzen.

- »Ich spüre Ihr Zögern angesichts dieses Geschäfts. Sie wollen sich nicht beteiligen, aber Sie wollen auch nicht übergangen werden. Sie möchten sich im Vorzimmer bereithalten und eintreten, wenn es Ihnen paßt.«
- »Nicht, daß Sie Morgan nicht mögen, aber Sie haben bei ihm ein unbehagliches Gefühl. Sie würden nur zu gerne einen Grund finden, ihn nicht zu mögen.«
- »In dieser Angelegenheit harmonieren wir einfach nicht.«
- »Bei diesem Unternehmen ist irgendwie die Luft raus. Nicht, daß es an Enthusiasmus fehlte, aber es ist so, als ob da ein Leck in einem Schlauchboot wäre. Man sieht zwar nicht, daß etwas passiert, aber wenn man nach einiger Zeit wieder hinschaut, sind die Schläuche offensichtlich viel schlaffer.«

Der rote Hut verleiht dem Denker die Freiheit, seine Gefühle poetischer auszudrücken. Die Gefühle haben ein Recht, sichtbar gemacht zu werden.

20. Kapitel
Zusammenfassung des Roten-Hut-Denkens

Das Tragen des roten Hutes erlaubt es dem Denker, zu sagen: »So empfinde ich bei dieser Sache.«

Der rote Hut legitimiert Emotionen und Gefühle als wichtigen Teil des Denkens.

Der rote Hut macht Gefühle sichtbar, so daß sie ebenso Teil der Denkkarte werden wie auch Teil des Wertsystems, das die Route auf der Karte bestimmt.

Der rote Hut gibt dem Denken eine praktikable Methode an die Hand, die emotionale Ebene schnell zu betreten und wieder zu verlassen. Ohne dieses Hilfsmittel wäre das so nicht möglich.

Der rote Hut erlaubt dem Denker, die Gefühle anderer zu erkunden, indem er sie nach ihrer Roten-Hut-Ansicht fragt.

Wenn ein Denker den roten Hut benutzt, sollte er *niemals* versuchen, die Gefühle zu rechtfertigen oder einen logischen Grund für sie anzugeben.

Der rote Hut umfaßt zwei wesentliche Arten von Gefühlen: Zunächst sind da die gewöhnlichen Emotionen, wie wir sie kennen und die von den starken Emotionen wie

Furcht oder Abneigung bis zu den subtileren wie etwa Mißtrauen reichen; zweitens gibt es die komplexen Urteile, die in Ahnungen, Intuitionen, Empfindungen, Geschmack, ästhetisches Empfinden und andere nicht sichtbar gerechtfertigte Gefühle eingehen. Wenn in eine Meinung ein großes Maß solcher Gefühle miteinfließt, gehört diese auch unter den roten Hut.

21. Kapitel
Der schwarze Hut
Was ist nicht in Ordnung damit?

Es muß gesagt sein, daß sich die meisten Denker – geübte und ungeübte – mit dem schwarzen Hut sehr wohl fühlen. Das liegt an der abendländischen Betonung auf Argumentation und Kritik. So erstaunlich es auch sein mag, so ist doch die Ansicht weitverbreitet, daß die wichtigste Funktion des Denkens im Tragen des schwarzen Hutes besteht. Leider werden damit die generativen, kreativen und konstruktiven Aspekte des Denkens völlig vernachlässigt.

Dennoch ist der schwarze Hut ein ganz wichtiger Teil des Denkens.

Schwarzes-Hut-Denken ist immer logisch. Schwarzes-Hut-Denken ist negativ, aber nicht emotional. Das Emotional-Negative gehört zur Rolle des roten Hutes (der auch das Emotional-Positive mitabdeckt). Das Schwarze-Hut-Denken sieht immer die Schattenseite der Dinge, aber es ist immer ein *logischer* Schatten. Beim roten Hut müssen negative Gefühle nicht begründet werden. Beim schwarzen Hut müssen immer logische und relevante Gründe angegeben werden. Es ist eben einer der großen Vorzüge des Idioms der sechs Denk-Hüte, daß es das Emotional-Negative so entschieden vom Logisch-Negativen trennt.

»Ich nehme nicht an, daß eine Preissenkung funktionieren wird.«

»Das ist Rotes-Hut-Denken. Ich möchte Ihr Schwarzes-Hut-Denken von Ihnen hören. Ihre logischen Gründe.«

»Unsere Erfahrungen – die ich Ihnen mit Verkaufszahlen belegen kann – haben gezeigt, daß Preissenkungen nicht zu einer solchen Absatzsteigerung geführt haben, daß dadurch die Verringerung der Verdienstspanne aufgewogen worden wäre. Unsere Konkurrenten haben auch schon alle versucht, durch Preissenkungen wettbewerbsfähig zu bleiben.«

Schwarze-Hut-Gründe müssen für sich selbst stehen und von jedermann gebraucht werden können. Sie müssen auch noch stichhaltig sein, wenn man sie schwarz auf weiß liest – und nicht nur, wenn sie von einer starken Persönlichkeit in überzeugender Weise vorgetragen werden. Schwarzes-Hut-Denken basiert auf der Logik des Entsprechens oder Nichtentsprechens.

Schwarzes-Hut-Denken muß logisch und wahrhaftig sein, es braucht aber nicht fair zu sein. Es präsentiert das Logisch-Negative, es macht deutlich, warum etwas nicht gehen wird. Das Logisch-Positive – warum es geht – wird unter dem gelben Hut präsentiert. Weil nämlich der Hang des Verstandes zum Negativen so stark ist, muß es einen speziellen Hut nur dafür geben. Ein Denker muß die Möglichkeit haben, negativ zu sein und nichts weiter.

Es ist durchaus möglich, daß es bei den biochemischen Prozessen in unserem Gehirn feine Unterschiede gibt, je nachdem ob wir positiv oder negativ eingestellt sind. Wenn das so ist, wäre es vom praktischen Standpunkt aus wenig sinnvoll, einen Hut für objektives Urteilen zu haben, der sowohl für das Logisch-Positive wie für das Logisch-Negative da wäre, denn die Biochemie des Gehirns würde nicht dauernd hin und her springen. Die chemischen Vorgänge beim Negativen mögen die der Angst und die chemischen Vorgänge beim Positiven die des Vergnügens sein.

Es wird immer behauptet, daß das Wort »Kritik« für eine ehrliche Würdigung der positiven wie auch der negativen Aspekte steht. In der Praxis jedoch bedeutet das Verb »kritisieren«, daß man auf das hinweist, was nicht in Ordnung ist. Genau das geschieht beim Schwarzen-Hut-Denken.

Jahrelange Erfahrung im Denkenlehren haben mich von der Notwendigkeit überzeugt, das Logisch-Negative vom Logisch-Positiven zu trennen. Die Leute, die behaupten, fair zu sein, tun im allgemeinen nicht mehr, als daß sie der ihnen entgegengesetzten Meinung ein paar unwesentliche Punkte konzedieren.

Obwohl der schwarze Hut der »Kritisierhut« ist, bedeutet er nicht – und darauf lege ich Wert –, daß man in einem Disput Partei ergreift. Es gibt keine Parteien und keinen Disput. Der schwarze Hut ist auf das Logisch-Negative gerichtet. Ein Denker kann vom schwarzen zum gelben Hut wechseln und wieder zurück, ganz wie er mag.

– »Wenn ich meinen schwarzen Hut aufhabe, muß ich Sie darauf aufmerksam machen, daß es im Cottage keinen Strom gibt. Mit meinem gelben Hut kann ich darauf hinweisen, daß Sie keine Stromrechnungen bezahlen müssen.«

Dieser spezifische Charakter des schwarzen Hutes befreit den Denker von der Notwendigkeit, fair zu sein und beide Seiten einer Situation zu sehen. Wenn er den schwarzen Hut aufhat, kann er dem Negativen freien Lauf lassen.

Auf den ersten Blick könnte es so aussehen, als verstärke der schwarze Hut den Negativismus, der bereits für viele Denker so charakteristisch ist. Gerade so, wie der rote Hut Emotionen rechtfertigt, scheint der schwarze Hut diese absolute Form der Negativität zu rechtfertigen.

In der Praxis jedoch hat der schwarze Hut die gegenteilige Wirkung.

Jemand, der von Natur aus negativ ist, wird diese Haltung immer in sein Denken miteingehen lassen. Diese Negativität wird immer auf dem Sprung sein. Das bedeutet, daß bei unserem normalen Denken, wo alles durcheinandergeht, weil wir alles auf einmal tun wollen, der Ton vorwiegend negativ sein wird. Indem sich der schwarze Hut auf das Negative konzentriert, *begrenzt* er in Wirklichkeit die Negativität. Man kann einen Denker auffordern, seinen schwarzen Hut abzusetzen. Das ist das Signal für eine deutliche und definitive Abkehr vom Negativen.

- »Ihr Schwarzes-Hut-Denken war hervorragend. Wollen Sie nicht mal ein, zwei Minuten lang einen anderen Hut aufsetzen?«
- »Während der ganzen Sitzung haben Sie nur Schwarzes-Hut-Denken praktiziert. Ist das der einzige Hut, den Sie aufsetzen können?«
- »Ich möchte, daß Sie für die nächsten fünf Minuten vom schwarzen zum gelben Hut überwechseln. Sagen Sie mir, was Sie dann sehen.«
- »Im allgemeinen ist Mary für unser Schwarzes-Hut-Denken zuständig. Wenn sie nicht ihren schwarzen Hut aufhat, scheint sie nicht viel zu sagen zu haben.«
- »Sie sind ein Einhut-Denker. Und zwar haben Sie nur den schwarzen Hut.«

Ein Golfspieler, der den Driver exzellent handhabt, kann den Putter nicht ignorieren. Genauso möchte ein Denker, dessen Schwarzes-Hut-Denken gut ist, nicht das Gefühl haben, er könnte die anderen Hüte nicht auch tragen, wenn er wollte. So macht das Hut-Idiom deutlich, daß Negativität nur ein Teil des Denkens ist.

Inzwischen muß es vielen Lesern aufgefallen sein, daß die Schwarze-Hut-Rolle der traditionellen Rolle des Advocatus Diaboli sehr nahe kommt.

- »Mir gefällt dieser Gedanke eines Luftschiffes für Passagiere, aber für einen Augenblick werde ich den Advocatus Diaboli spielen.«
- »Die Begeisterung geht mit uns durch. Jemand wird den Advocatus Diaboli spielen und darauf hinweisen müssen, daß der Verkaufspreis viel zu hoch sein wird.«

Der schwarze Hut ähnelt der Rolle des Advocatus Diaboli tatsächlich und integriert diese spezielle Rolle in das Rollenspektrum, das durch die sechs Hüte symbolisiert wird. Auf diese Weise wird Negativität als nur *eine* der verschiedenen Denkrollen gesehen.

Schwarzes-Hut-Denken wird demnach angewandt, um die schwarzen Teile der Denkkarte auszufüllen. Diese Aufgabe ist eine Aufgabe wie jede andere. Sie muß gründlich verrichtet werden. Sich beim schwarzen Denken zurückzuhalten, weil Sie befürchten, die negativen Aspekte könnten einer Idee nicht die geringste Chance geben, heißt, dem Zweck der sechs Denk-Hüte zuwider handeln, der fordert, daß jede einzelne der Rollen voll ausgespielt wird.

22. Kapitel
Schwarzes-Hut-Denken
Inhalt und Methode

Denkfehler
Warum eins nicht aus dem anderen folgt
Regeln der Beweisführung
Mögliche Schlußfolgerungen

Wie beim Roten-Hut-Denken kann sich das Schwarze-Hut-Denken auf den Gegenstand richten – ich komme darauf später zu sprechen – und auch auf die Diskussion oder das Denken selbst, das heißt auf die Methode.

- »Soweit ich weiß, ist das eine Annahme.«
- »Ich kann nicht erkennen, wie sich das aus dem, was Sie eben gesagt haben, ergeben soll.«
- »Die Zahlen, die mir bekannt sind, unterscheiden sich von den von Ihnen genannten.«
- »Das ist nicht die einzig mögliche Erklärung, sondern nur eine von mehreren.«
- »Zwischen diesen Sachverhalten braucht kein logischer Zusammenhang zu bestehen.«

Es wäre albern und unpraktisch, wenn ein Denker jedesmal, wenn er eine Bemerkung dieser Art machen will, förmlich den schwarzen Hut aufsetzen müßte. Es gilt als abgemacht, daß solche Bemerkungen Teil des Schwarzen-Hut-Denkens sind, ob man nun förmlich darauf hinweist oder nicht.

In der Praxis ist es besser, wenn ein Denker Einwände

dieser Art sammelt und nicht fortwährend Einwürfe macht, wie das beim normalen Argumentieren üblich ist. Er kann dann ein formelles Schwarzes-Hut-Statement abgeben, in dem er die verschiedenen Denkfehler auflistet, die er anprangern will.

– »Ich werde jetzt einmal kurz meinen schwarzen Hut aufsetzen, denn ich möchte Sie auf die, wie mir scheint, Fehler in der Beweisführung aufmerksam machen. Der verminderte Konsum von Spirituosen mag auf ein neues Gesundheitsbewußtsein zurückgehen, kann aber auch auf einen größeren Weinkonsum oder auf strengere Gesetze, die etwa den Alkohol im Straßenverkehr betreffen, zurückzuführen sein. Der gestiegene Absatz beim Wodka kann an der intensivierten Werbung liegen und nichts mit dem Geschmack zu tun haben.«

– »Soweit ich sehen kann, haben Sie alle eine Menge Meinungen, Annahmen und Rote-Hut-Gefühle zu hören bekommen.«

– »Das ist nicht richtig. Die Befreiung von Lizenzgebühren gilt nur, wenn die Forschungs- und Entwicklungsarbeiten tatsächlich in Irland durchgeführt worden sind.«

– »Ich möchte Ihre Überlegungen dazu gern schwarzhütig beantworten. Ihre Zahlen sind seit vier Jahren überholt. Die Stichprobe ist sehr klein, und die Zahlen beziehen sich nur auf den Süden des Landes.«

Ich habe nicht vor, hier sämtliche Regeln der logischen Deduktion darzulegen. Viele von diesen sind abstrakt und für praktische Belange nicht immer relevant – im Unterschied zu geschlossenen Systemen. Wir könnten die Regeln wie folgt vereinfachen:

1. Ist die Ausgangsbasis solide und gerechtfertigt?
2. Folgt daraus diese Ableitung?
3. Folgt diese Ableitung notwendigerweise?
4. Gibt es andere mögliche Ableitungen?

Unter »Ableitung« verstehe ich jede Art von Folgerung.

– »Wenn wir die Gefängnisstrafen und die sonstigen Strafen erhöhen, wird das die Kriminalität verringern.«

Diese Feststellung mag ganz logisch erscheinen. Wenn wir sie im einzelnen untersuchen, sehen wir, daß die Ableitung zwar möglich ist, aber nicht notwendigerweise folgt. Wenn das Risiko, überführt zu werden, bekanntermaßen sehr gering ist, dann dürfte eine Erhöhung des Strafmaßes keine Wirkung haben. Wenn die Gerichte die höheren Strafen nicht verhängen, könnte die abschreckende Wirkung verlorengehen. Nichtsdestoweniger könnte man sagen, daß eine erhöhte Abschreckung wahrscheinlich »irgendeine Wirkung« bei der Verbrechensbekämpfung hat. Das führt zu einer Einschätzung des Umfanges, den »irgendeine Wirkung« gewinnt. Hinsichtlich der Extrakosten, die es verursacht, Leute über längere Zeit zu inhaftieren, mag sie recht klein sein. Aber wir könnten noch weitergehen. Könnte nicht eine Erhöhung des Strafmaßes die Verbrechen auch verschlimmern? Ein Verbrecher könnte doch, wenn die Strafen sehr drastisch sind, sein Opfer umbringen, um die Entdeckungsgefahr zu verringern. Ein längerer Gefängnisaufenthalt für eine kleinere strafbare Handlung könnte den straffällig Gewordenen zu einem abgebrühten Verbrecher machen. Letztlich könnten die höheren Gefängniskosten weniger zur Verbrechensbekämpfung beitragen, als wenn man das Geld zur personellen Aufstockung bei der Polizei verwendete.

An diesem Beispiel ist interessant, daß man viel *Phantasie* braucht, um alternative Konsequenzen und Möglichkeiten zu entwickeln.

Wie ich in meinem Buch »Die vier richtigen und die fünf falschen Denkmethoden« bereits geschrieben habe, sind *Beweise oft nichts anderes als Mangel an Phantasie.* Das ist so in der Wissenschaft und auf den meisten anderen Gebieten, sofern es sich nicht um geschlossene Systeme handelt wie etwa die Mathematik.

In der Praxis kann man einen logischen Fehlschluß am besten dadurch entlarven, daß man eine alternative Erklärung oder Möglichkeit vorbringt.

– »Es stimmt, daß in vielen Ländern die Zahl der Ehescheidungen zusammen mit der Zahl der Waschmaschinen steigt, aber das bedeutet nicht notwendigerweise, daß Waschmaschinen zur Scheidung führen. Beide Trends können auf zunehmenden Wohlstand, gesellschaftlichen Fortschritt, eine wachsende Anzahl von Frauen im Arbeitsleben usw. zurückzuführen sein.«

– »Es stimmt, daß der Absatz wahrscheinlich sinken wird, wenn wir die Preise erhöhen. Aber wenn wir es als ein hochpreisiges Spitzenprodukt anbieten können, sprechen wir vielleicht eine andere Käuferschicht an, und der sinkende Absatz wird durch die höheren Einnahmen ausgeglichen.«

Hier kommen wir auf den »Wahrscheinlichkeits«-Aspekt zurück, der in dem Kapitel über den weißen Denk-Hut besprochen wurde. Es ist völlig akzeptabel, daß man eine mögliche Alternative aufzeigt, aber man sollte niemals behaupten, daß jede Alternative gleich wahrscheinlich ist. Das Schwarze-Hut-Denken ist *niemals* argumentierend, das sollte man nie vergessen.

Wie gehen wir auf der Denkkarte mit Fehlern um?

Der eine glaubt, daß verschärfte Strafen die Kriminalität verringern. Ein anderer meint, daß dies eine mögliche, aber unbewiesene Annahme sei. Wo es möglich ist, würde man Statistiken oder durchgeführte Versuche zu Rate ziehen, um die Frage zu entscheiden (Weißes-Hut-Denken). Wenn sie nicht entschieden werden kann, werden all die verschiedenen Alternativen als Möglichkeiten auf der Karte eingetragen. Wenn das Beweismaterial besonders schwach ist, kann die Möglichkeit als Meinung bezeichnet werden. Jeder, der die Karte benutzt, kann dann diese Meinung beachten oder ignorieren, ganz nach Wahl.

- »Die Annahme ist berechtigt, daß der Urlaubsreiseverkehr zunehmen wird, da die Familieneinkommen steigen, es weniger Kinder gibt und die Flugreisen relativ billiger werden.«
- »Es ist möglich, daß die Leute das Reisen langweilig finden, wenn der Reiz des Neuen erst einmal nachgelassen hat, und daß sie sich für Ferien im eigenen Land entscheiden.«

Beide Möglichkeiten würden vermerkt. Beide können nebeneinander existieren. Selbst wenn sich zwei Möglichkeiten gegenseitig ausschließen, sollten sie doch in die Karte eingetragen werden, bis Beweise oder Argumente zur Entscheidung führen. Selbst eine angezweifelte Tatsache kann auf die Karte kommen – vorausgesetzt, sie wird als »bezweifelt« gekennzeichnet.

23. Kapitel
Schwarzes-Hut-Denken
Vergangene und zukünftige Inhalte

Wie fügt sich das in mein Erfahrungsmuster ein?
Stimmt das?
Was für Risiken gibt es?

Wir haben das Schwarze-Hut-Denken im Hinblick auf die Denkmethode betrachtet. Jetzt kommen wir zum Inhalt.

Stimmen die Fakten? Sind die Fakten relevant? Das Weiße-Hut-Denken liefert die Fakten, aber das Schwarze-Hut-Denken stellt sie in Frage.

- »Die Zahl der Arbeitslosen mag in Wahrheit höher liegen, da viele Familienmitglieder sich gar nicht erst arbeitslos melden.«
- »Die 600 Millionen Flugreisen pro Jahr sagen nichts darüber aus, wie viele Leute wirklich fliegen, da einige viele Reisen unternehmen können. Außerdem enthält diese Zahl auch kurze Inlandsflüge.«
- »Die Zahlen, die ein Sinken der Kriminalität in den Vereinigten Staaten zeigen, sollten zu Bevölkerungszahl und Altersgruppe in Beziehung gesetzt werden. Es kann sein, daß das Sinken der Kriminalität nur darauf zurückzuführen ist, daß die während des Babybooms geborenen Jugendlichen aus der für Straftaten besonders anfälligen Altersgruppe der Achtzehn- bis Dreiundzwanzigjährigen herauswachsen.«

Das Infragestellen von Zahlen und Berichten ist einer der einfacheren und offensichtlicheren Anwendungsbereiche des Schwarzen-Hut-Denkens. In solchen Fällen liegt sein Zweck darin, zu zeigen, daß die Fakten falsch (wo dies der Fall ist) oder daß sie möglicherweise nicht anwendbar sind. Wenn eine wichtige Entscheidung von solchen Fakten abhängig gemacht werden soll, dann sollte eine noch so geringe Möglichkeit, daß diese nicht anwendbar sind, zu der Suche nach besseren Fakten oder Zahlen führen. Der Schwarze-Hut-Denker beabsichtigt nicht, so viele Zweifel wie möglich zu wecken – etwa wie ein Verteidiger vor Gericht –, sondern er will auf objektive Weise auf Schwachstellen hinweisen.

Es gibt viele Erfahrungen, die sich nicht in Fakten und Zahlen niederschlagen. Das Schwarze-Hut-Denken kann aufzeigen, wo ein Vorschlag oder Statement solchen Erfahrungen nicht entspricht.

– »Ich habe die Erfahrung gemacht, daß, wenn Sie Leuten einen Bonus in Form einer Geldprämie geben, man diesen bald als einen normalen Teil des Lohns erwarten wird.«
– »Nach meiner Erfahrung sind die Leute sehr empfänglich dafür, wenn sie spüren, daß man ihre Extraarbeit honoriert – und zwar ganz materiell honoriert.«
– »Wenn Leute erwarten, belohnt zu werden, dann werden sie ohne angebotene Belohnung kaum etwas tun.«

Die ersten beiden Feststellungen können unter Umständen den Erfahrungen derer, die da um den Tisch sitzen und über Motivation diskutieren, entsprechen, die dritte vielleicht nicht.

Man muß hier wohl sagen, daß Erfahrung etwas sehr Persönliches ist und daß verschiedene Menschen auch verschiedene Erfahrungen gemacht haben können. In anderen Kulturen können Belohnungen in der Tat eine ganz andere Wirkung haben.

Es sollte auch gesagt werden, daß unterschiedliche Umstände zu unterschiedlichen Wirkungen führen können. Es ist möglich, daß zu häufige Belohnungen mit Faulheit beantwortet werden. Aus allen diesen Gründen können Erfahrungen unvereinbar oder widersprüchlich erscheinen.

»In Zeiten einer Inflation neigen die Leute dazu, mehr zu sparen.«

»Das stimmt nicht. Die Leute sparen weniger.«

In den meisten Ländern neigen die Menschen dazu, mehr zu sparen. Aber nicht in den Vereinigten Staaten. Der Grund mag sein, daß es dort eine bessere Beratung in Finanzfragen gibt, und die Leute deshalb besser mit solchen Situationen umgehen können. Es mag auch daran liegen, daß Kreditzinsen von der Steuer absetzbar sind und die Zinsen in Zeiten der Inflation eine fallende Tendenz zeigen können.

Es gibt Situationen, wo ein Schwarzer-Hut-Denker etwas absolut in Frage zu stellen beabsichtigt, beispielsweise wissenschaftliche Fakten, Forschungsergebnisse, unangefochtene Daten usw.

– »Ich halte das für falsch. Die meisten Supermärkte verdienen nicht mehr als zwei oder drei Prozent vom Umsatz.«

Und es gibt Situationen, wo es gerechtfertigt ist, wenn ein Schwarzer-Hut-Denker seine persönliche Erfahrung ins Spiel bringt.

– »Ich habe gefunden, daß es viel motivierender ist, in kleinen Organisationseinheiten zu arbeiten. Ich stimme Ihnen nicht zu, wenn Sie sagen, daß dezentralisierte große Organisationseinheiten dasselbe sind wie kleine Organisationseinheiten.«

– »Ich muß meinen schwarzen Hut aufsetzen und Ihnen allen sagen, daß das, was hier vorgeschlagen wird, einfach nicht mit meiner zwanzigjährigen Erfahrung im Kosmetikgeschäft in Einklang zu bringen ist. Sie können nicht dieselbe Marke gleichzeitig als hochpreisiges Spitzenprodukt und als Gebrauchsartikel zu erschwinglichem Preis führen.«

Zu den Pflichten des Schwarzen-Hut-Denkens gehört es auch, auf die Risiken, Gefahren, Mängel und möglicherweise zu erwartenden Probleme hinzuweisen.

– »Wenn wir auf den atomaren Erstschlag verzichteten, könnten die Sowjets Europa mit konventionellen Waffen überrennen.«

– »Ich muß Sie darauf hinweisen, daß Ihr Mann bei der Scheidungsverhandlung behaupten könnte, daß Sie nicht fähig sind, die Kinder zu erziehen.«

– »Wenn das Pfund Sterling gegenüber dem Dollar weiter fällt, müßte man die Zinsen erhöhen – und das würde zu einem Kurssturz auf dem Aktienmarkt führen.«

Die einzige Art und Weise, wie wir die Zukunft betrachten können, ist vom Standpunkt der Vergangenheit aus. Das kann ein einfaches Extrapolieren bedeuten.

– »Es existiert ein unbezweifelbarer Trend zu Snacks und Nahrungsmitteln, die man mit den Fingern essen kann. Die Leute schränken ihre großen, förmlichen Mahlzeiten ein und verlegen sich aufs ›Grasen‹, das heißt, sie naschen beim Gehen.«

– »Viele Firmen sind bei dem Versuch pleite gegangen, den Franzosen Eiscreme zu verkaufen. Ich sehe nicht, warum dieser erneute Versuch gelingen sollte.«

Man kann die Zukunft aber auch als das Zusammentreffen unterschiedlicher Trends und Muster interpretieren.

– »In dem Maße, wie die Arbeitswoche kürzer wird, wird es mehr Freizeit geben. Eine hohe Arbeitslosigkeit bedeutet jedoch, daß viele Leute mit Freizeit kein Geld für die Freizeitgestaltung haben. Deswegen werden wir preiswerte Formen der Freizeitgestaltung brauchen.«

– »Mein Schwarzes-Hut-Denken sagt mir, daß die Apple-Computer aus dem Markt gedrängt werden, wenn sie nicht mit IBM-Geräten kompatibel werden. Die Käufer wollen schließlich Zugang zu der gesamten für IBM geschriebenen Software.«

Der Vergangenheit können wir immer sicher sein – selbst wenn wir nicht sicher sein können, daß eine bestimmte Lehre aus der Vergangenheit auf eine bestimmte Situation heute anwendbar ist. Bei der Zukunft müssen wir spekulativ vorgehen. Das Gelbe-Hut-Denken kann man als spekulativ-positiv beschreiben, weil es optimistisch ist und auf das Positive schaut, das aus einer vorgeschlagenen Handlung oder Entscheidung entstehen kann. Eine der Funktionen des Schwarzen-Hut-Denkens ist, das spekulativ-negative Gegengewicht herzustellen: »Das könnte schiefgehen.«

– »Was den vorgeschlagenen Einstieg in den Personal-Computer-Markt anbetrifft, muß ich meinen schwarzen Hut aufsetzen und Ihnen meine Fragen stellen. Können wir ihn überhaupt herstellen? Können wir ihn zum richtigen Preis verkaufen? Welche Vorzüge wird er gegenüber den Konkurrenzgeräten haben? Warum sollte ihn irgend jemand kaufen?«

Hier kommen wir zu dem, was man »negative Fragen« nennen kann. Der Schwarze-Hut-Denker sagt praktisch: »Ich sehe die Sache negativ. Es ist an Ihnen, mich davon zu überzeugen, daß ich unrecht habe.«

– »Warum glauben Sie, daß dieser Berater besser als der vorige sein wird?«

– »Was passiert, wenn die Japaner in den Zivilluftfahrt-Markt einsteigen?«

– »Was wird aus uns, wenn eine der großen pharmazeutischen Firmen anfängt, intraokuläre Linsen herzustellen?«

Die meisten negativen Fragen können ebensogut so formuliert werden: »Ich sehe die Gefahr, daß . . .«.

– »Ich sehe die Gefahr, daß sich die Konkurrenz unseren Preisen anpassen wird.«

- »Ich sehe die Gefahr, daß die staatlichen Subventionen plötzlich aufgehoben werden.«
- »Ich sehe die Gefahr, daß es zu einer Überproduktion von Milch kommen wird.«
- »Ich sehe die Gefahr, daß die steigenden Löhne die Produktionskosten hinauftreiben werden und uns das zur Aufgabe zwingen wird.«
- »Ich sehe die Gefahr, daß das Sechs-Hüte-Denken so sehr zu einem Spiel werden könnte, daß über den Gegenstand selbst nicht mehr nachgedacht wird.«

Wie der Advocatus Diaboli ist auch Kassandra, die Prophetin des Untergangs, eine traditionelle Denkrolle. Diese Rolle entspricht genau dem spekulativ-negativen Aspekt des Schwarzen-Hut-Denkens.

Wie antwortet man auf die negativen Aspekte, die das Schwarze-Hut-Denken aufwirft? Als erstes sollte man nicht vergessen, daß man sich in einer Kartenanfertigungs- und nicht in einer Argumentiersituation befindet.

Eine Methode ist, den negativen Aspekt zur Kenntnis zu nehmen und zu akzeptieren.

- »Ja, da liegt wirklich eine ernste Gefahr, und sollte der Fall eintreten, dann wird es schwierig für uns. Wir dürfen sie keinesfalls aus den Augen verlieren.«

Eine andere Möglichkeit ist, den negativen Aspekt zwar zu akzeptieren, gleichzeitig aber zu behaupten, daß das Befürchtete nicht eintreten wird.

- »Die Möglichkeit existiert, aber nur sehr entfernt. Wir testen dieses Produkt nun seit vier Jahren – und da hätte sich doch ein möglicher Fehler zeigen müssen.«

Und drittens ist es möglich, die Gefahr einzuräumen und die für diesen Fall geplante Reaktion zu erläutern.

- »Wenn sich die Konkurrenz tatsächlich unseren Preisen anpaßt, dann werden wir unser spezielles Billigprodukt auf den Markt bringen, das darauf angelegt ist, zu einem sehr niedrigen Preis verkauft zu werden. Wenn die anderen versuchen, da gleichzuziehen, dann bleibt ihnen kein Gewinn mehr.«

Die vierte Möglichkeit ist, die Gefahr zu leugnen, was darauf hinausläuft, das Schwarze-Hut-Denken des anderen dem eigenen Schwarzen-Hut-Denken zu unterwerfen.

– »Ich kann mir nicht denken, wie das passieren könnte, denn schließlich sind die Einstiegskosten für einen Neuen auf diesem Markt viel zu hoch. Die wichtigsten Mitspieler sind auf dem Platz, und wir kennen sie.«

Die fünfte Möglichkeit ist, eine alternative Ansicht neben die des schwarzen Hutes zu stellen.

– »Wenn die Ölpreise im Verhältnis zu anderen Kosten sinken, könnten die Leute möglicherweise wieder anfangen, größere Autos zu kaufen. Aber wenn sie sich erst einmal an die Vorteile eines kleineren Autos gewöhnt haben, wird es für die immer einen Markt geben.«

24. Kapitel
Schwarzes-Hut-Denken
Zügellose Negativität

Es ist viel leichter, negativ zu sein
Es macht mehr Spaß, negativ zu sein
Ja ... aber

Der Bau einer Eisenbahn ist eine komplexe technische Leistung. Eine einfache Betonplatte auf den Schienen kann einen Eilzug zum Entgleisen bringen. Um die Platte da hinzulegen, bedarf es keines besonderen Könnens. Zerstören ist immer viel einfacher als Erbauen. So ist es auch mit der Negativität. Wenn wir uns mit dem Schwarzen-Hut-Denken befassen, müssen wir deshalb auch die Attraktionen der Negativität bedenken, die so häufig zu »zügelloser Negativität« führen.

Negatives Denken ist attraktiv, weil sein Ergebnis unmittelbar und komplett ist. Zu beweisen, daß jemand unrecht hat, befriedigt eben unmittelbar. Ein konstruktiver Vorschlag führt nicht eher zu einem befriedigenden Ergebnis, als bis jemand die Idee aufgreift oder beweisen kann, daß es funktioniert (was Zeit kostet).

Wenn man eine Idee angreift, verleiht einem das ein augenblickliches Überlegenheitsgefühl. Lobt man eine Idee, so stellt man sich damit irgendwie unter deren Urheber.

Kritisieren ist sehr einfach, denn der Kritiker braucht nichts anderes zu tun, als sich bestimmte Beurteilungskriterien zurechtzulegen und dann nachzuweisen, daß der Vorschlag ihnen nicht entspricht.

- »Was wir hier brauchen, ist eine einfache, praktische Idee. Was Sie da vorgeschlagen haben, ist viel zu kompliziert. Das kann man niemals in die Tat umsetzen.«

Wenn jedoch der Vorschlag einfach und direkt ist, dann legt der Kritiker eben andere Kriterien an.

- »Das ist eine zu vereinfachte Einschätzung der Situation. Dieser Vorschlag entspricht einem Kindergartenniveau. Meinem sechsjährigen Sohn wäre da etwas Besseres eingefallen. Wir müssen alle Faktoren in Rechnung stellen.«

Sie merken, daß in beiden Fällen das abrupte Abtun des Vorschlags leichter ist als die Formulierung eines neuen. Sie merken auch, daß sich die Kritik nicht direkt auf den Inhalt des Vorschlags richtet, sondern mehr auf so ein allgemeines Charakteristikum wie »zu kompliziert« oder »zu einfach«. Es ist erstaunlich, wieviel Kritik in der Praxis von dieser Art ist. Dieser Denktypus gehört viel eher unter den roten Hut als unter den schwarzen.

- »Mir gefällt Ihr Vorschlag nicht. So einfach ist das.«

Unter der Maske des Schwarzen-Hut-Denkens verbirgt sich sehr häufig Rotes-Hut-Denken.

- »Wenn das alles ist, was Sie zu sagen haben, dann müssen wir das als Rotes-Hut-Denken ansehen, nicht als Schwarzes-Hut-Denken. Sie haben ein Recht auf Ihre Gefühle.«

Es ist viel leichter, einen Anzug anzufertigen, der nicht paßt, als einen, der paßt. Das bringt uns direkt zum »Ja ... aber«-Idiom. Hier ignoriert der negative Denker den größeren Teil eines Vorschlags, der durchaus wertvoll und durchführbar ist, um sich auf irgendeinen untergeordneten Punkt zu konzentrieren, der zweifelhaft ist.

- »Das Buch ist ganz gut, aber ich möchte mal wissen, warum Sie diesen absurden Titel wählen mußten. Er sagt nichts über das Buch aus und steht in keiner Beziehung dazu. Hier haben wir die Art von Titeln, die auf einem Groschenroman zu finden sind.«

– »Die Absurdität des ganzen Haushalts sieht man daran, wie Mahlzeiten zum Mitnehmen mit Mehrwertsteuer belegt werden. Wenn das Essen kalt ist, zahlt man keine Steuern, weil es nur ein Lebensmittel ist. Aber wenn das Essen heißgemacht wird, zahlt man Steuern, weil es jetzt eine ›Mahlzeit‹ ist.«

Es wird im allgemeinen behauptet, daß der Kritiker, indem er auf einen kleineren Schönheitsfehler hinweist, der Sache einen nützlichen Dienst erweist, weil er praktisch sagt: »Alles andere ist in Ordnung, und wenn Sie jetzt diesen Schönheitsfehler beseitigen, dann ist das Ganze vollkommen.« Zweifellos kann das zutreffen, wenn ein Designer oder ein Schriftsteller an einer Sache arbeitet. Aber wenn die Arbeit fertig ist, dann drückt der Kritiker nur aus: »Ich muß etwas zu kritisieren finden.«

Das Beispiel mit der Steuer auf Schnellimbiß-Mahlzeiten illustriert ein anderes Vorgehen: Der negative Denker versucht, den Eindruck zu erwecken, er greife nur ein Beispiel heraus. Indem er dessen Absurdität zeigt, impliziert er die Absurdität des Ganzen. Das ist das Äquivalent zu der Schlußfolgerung: »Ein Mann, der so etwas Dummes tun kann, ist dumm. Deshalb ist alles, was er tut, dumm.«

Das sind offensichtliche und kindische Zügellosigkeiten des negativen Denkers. Es gibt noch viele andere, so etwa Adjektive (»lahm«, »sogenannt«, »kindisch« usw.) und spöttische Bemerkungen (»gut gemeint« usw.). Dann gibt es auch noch die traditionelle Zuflucht derer, die etwas Neues nicht verstehen: »Des Kaisers neue Kleider.«

Die Gefahren des negativen Denkens und der argumentierenden Methode werden viel ausführlicher in meinem letzten Buch »Konflikte. Neue Lösungsmodelle und Strategien« dargelegt.

Schwarzes-Hut-Denken bedeutet ernsthaftes negatives Denken – und nicht die kindische Zügellosigkeit der Negativität, die ich in diesem Abschnitt umrissen habe.

Der ernsthafte Aspekt des »Ja ... aber«-Idioms ist, daß es manchmal nötig ist, auf eine Gefahr hinzuweisen, die höchstwahrscheinlich nicht akut werden wird, auf die aber trotzdem hingewiesen werden muß.

- »Ich weiß, daß Sie die Leistungsfähigkeit dieser Turbinenschaufeln getestet haben, aber ist das verwendete Material auch stabil genug, um besonderen Belastungen wie etwa Vogelschlag standzuhalten?«
- »Es ist nicht sehr wahrscheinlich, aber es besteht immer die Möglichkeit, daß er ein Doppelagent ist. Wir müssen das im Auge behalten.«
- »Ich nehme an, daß Bücher allmählich so teuer werden, daß sie als Geschenke akzeptabel werden.«

Unter der Rubrik »Weißes-Hut-Denken« habe ich mich mit dieser »Wahrscheinlichkeit« befaßt. Solange etwas angemessen formuliert wird (die Wahrscheinlichkeit als solche ausgedrückt wird), ist es legitim, negative »Ja ... aber«-Kommentare abzugeben. Diese beziehen sich auf zu korrigierende Fehler oder auf Sachverhalte, die im Auge behalten werden müssen.

25. Kapitel
Schwarzes-Hut-Denken
Zuerst Negatives oder Positives?

Sollte der gelbe Hut dem schwarzen voraufgehen?
Furcht und Sicherheit
Neugier und Erkundung

Kleine Kinder bemerken bei einer Geschichte, die sie gut kennen, die kleinste Abweichung und protestieren dagegen. Die Wiederholung gibt Sicherheit.

Die Annahme ist berechtigt, daß ein Tier darauf angelegt ist, im Zustand der Angst sein Verhalten auf bekannte Muster von Kampf oder Flucht zu beschränken. Von Soldaten wird erwartet, daß sie im Gefecht die Disziplin bewahren.

Ist der negative Denkaspekt ein Rückzug auf die Sicherheit des Bekannten?

Welchen sollte der Denker zuerst aufsetzen: den schwarzen Hut negativer Überprüfung oder den gelben Hut positiver Erkundung?

Man kann dafür eintreten, daß der schwarze Hut immer zuerst herangezogen werden sollte, so daß undurchführbare Ideen schnell verworfen werden können, um somit nicht zuviel Zeit für sie zu verwenden. Diese negative Überprüfung entspricht dem Denkhabitus der meisten Menschen, und in der Praxis funktioniert sie zumeist schnell und effektiv. Wenn wir mehr auf Kompetenz denn auf Leistung aus sind, spart die negative Überprüfung Zeit.

Es ist jedoch viel leichter, die Schwächen eines neuen Vorschlags zu sehen als seine Stärken. Wenn wir also bei einem neuen Vorschlag zuerst den schwarzen Hut benutzen, wird der Vorschlag wahrscheinlich zu den Akten gelegt werden. Wenn man sich gedanklich erst einmal auf das Negative eingestellt hat, wird es sehr schwierig, das Positive zu sehen. Womöglich ist die Chemie des Gehirns auf »Furcht« und »Sicherheit« eingestellt.

Wenn wir also neue Ideen und Veränderungen ins Auge fassen, ist es durchaus sinnvoll, *zuerst* den gelben und dann den schwarzen Hut zu benutzen.

- »Zu gegebener Zeit werden wir zum Schwarzen-Hut-Denken gelangen. Im Augenblick möchte ich, daß alle ihre gelben Hüte aufsetzen.«
- »Das ist Schwarzes-Hut-Denken. Warten Sie damit bis später.«
- »Ich möchte keine Schwarze-Hut-Einwürfe, ganz egal, wie begründet sie sind. Schreiben Sie sie für später auf.«

Wenn erst einmal die Idee und ihre angeblichen Vorzüge deutlich gemacht sind, dann hat das Schwarze-Hut-Denken etwas, womit es sich beschäftigen kann. Ich möchte betonen, daß *jeder* die Aufgabe hat, sein Gelbes-Hut-Denken auf den Vorschlag zu richten – und nicht nur der, der ihn vorbringt (während alle anderen stumm dasitzen und ungeduldig darauf warten, daß sie ihren schwarzen Hut aufsetzen können).

- »Sie haben bis jetzt noch gar nichts gesagt. Ich hätte gern ein paar Gelbe-Hut-Anmerkungen von Ihnen.«

Man könnte nun behaupten, daß eine Idee, die die negative Beurteilung des schwarzen Hutes durchlaufen und sie überlebt hat, automatisch gut und daß Gelbes-Hut-Denken dann überflüssig ist. Dem liegt die falsche Annahme zugrunde, daß einem alle Vorzüge einer Idee sozusagen auf einem Tablett serviert würden und wir sie nur noch zu inspizieren bräuchten. In Wirklichkeit bedarf es jedoch eines beträchtlichen Aufwandes an Phantasie und wahrnehmendem Denken, um die Stärken einer Idee zu erkunden. Das ist der Grund, weshalb gründliches Gelbes-Hut-Denken nötig ist und weshalb es als erstes kommen muß.

Wenn die Idee erst einmal ausführlich dargelegt worden ist, kann Schwarzes-Hut-Denken auf zweifache Weise angewandt werden. Zunächst wird die Durchführbarkeit einer Idee geprüft.

- »Ist die Idee legal?«
- »Würde diese Idee funktionieren?«
- »Bringt diese Idee irgendwelchen Nutzen?«
- »Lohnt es, sie in die Tat umzusetzen?«

Ich habe unter dem Begriff »Durchführbarkeit« den Gedanken des Nutzens mit aufgenommen, denn wenn sie niemandem nützt, mag die Idee zwar theoretisch durchführbar sein, aber nicht in der Praxis. Wenn erst einmal feststeht, daß die Idee durchführbar ist, kann das Schwarze-Hut-Denken versuchen, sie zu *verbessern*, indem es ihre Schwächen bloßlegt.

- »Wenn wir das so durchführten, ständen wir am Ende jeden Monats vor einem Riesenberg Arbeit.«
- »Man würde das System mißbrauchen, wenn die Telefonkunden keine persönliche Kennziffer bekämen.«

Entwurfsverbesserung ist eine positive Anwendung des Schwarzen-Hut-Denkens. Entwurfsverbesserung beschränkt sich natürlich nicht auf das Anmerken von Fehlern. Noch wichtiger ist, sich einen möglichen Nutzen vorzustellen und herbeizuführen. Aber das Erkennen und Korrigieren von Fehlern und Gefahren ist ein wesentlicher Bestandteil des Entwerfens.

Manchmal ist es möglich, mehr zu tun, als nur ein Problem zu beseitigen. In solchen Fällen kann man dann ein Problem so angehen, daß man daraus noch einen Nutzen zieht.

Dazu ist eine Mischung von Grünem-Hut-Denken und Gelbem-Hut-Denken erforderlich.

Schwarzes-Hut-Denken befaßt sich nicht mit Problemlösungen – sondern nur damit, das Problem aufzuzeigen.

26. Kapitel
Zusammenfassung des Schwarzen-Hut-Denkens

Schwarzes-Hut-Denken befaßt sich speziell mit einer negativen Beurteilung. Der Schwarze-Hut-Denker macht darauf aufmerksam, was falsch, ungenau und irrtümlich ist. Er weist darauf hin, daß etwas nicht mit der Erfahrung oder mit allgemein anerkannten Fakten in Einklang steht. Der Schwarze-Hut-Denker macht klar, warum etwas nicht gehen wird. Er weist auf Risiken und Gefahren hin. Und er weist Fehler in einem Entwurf oder Plan nach.

Schwarzes-Hut-Denken ist *kein* Argumentieren und sollte niemals so verstanden werden. Es *ist* ein objektiver Versuch, die negativen Elemente auf der Karte zu verzeichnen.

Schwarzes-Hut-Denken kann eine Idee vor dem Hintergrund der Vergangenheit beurteilen, um zu sehen, wie gut sie sich in Bekanntes einfügt.

Schwarzes-Hut-Denken kann eine Idee in die Zukunft projizieren, um zu sehen, was schiefgehen kann.

Schwarzes-Hut-Denken kann negative Fragen stellen.

Schwarzes-Hut-Denken sollte niemals eingesetzt werden, um zügelloser Negativität Vorschub zu leisten oder negative Gefühle auszudrücken (hierfür ist der rote Hut zuständig).

Eine positive Einschätzung bleibt dem gelben Hut überlassen. Angesichts neuer Ideen sollte der gelbe Hut immer vor dem schwarzen benutzt werden.

27. Kapitel
Der gelbe Hut
Das Spekulativ-Positive

Positives Denken
Gelb steht für Sonnenschein und Helligkeit
Optimismus
Konzentration auf die Vorteile
Konstruktives Denken und das Ingangsetzen von Dingen

Eine positive Einstellung ist das Ergebnis eines Willensaktes. Wir können uns dafür entscheiden, die Dinge in einem positiven Licht zu sehen. Wir können uns dafür entscheiden, uns auf die positiven Aspekte einer Situation zu konzentrieren. Wir können nach den Vorteilen Ausschau halten.

Was die Einstellung betrifft, ist der gelbe Hut das genaue Gegenteil des schwarzen. Der schwarze Hut befaßt sich mit der negativen, der gelbe Hut mit der positiven Einschätzung. Unglücklicherweise gibt es mehr natürliche Gründe dafür, negativ zu sein, als dafür, positiv zu sein. Negatives Denken kann uns vor Fehlern, Risiken und Gefahren schützen, positives Denken muß eine Mischung aus Neugier, Freude, Gier und dem Wunsch, »etwas in Gang zu setzen«, sein. Man könnte sagen, daß der menschliche Fortschritt von diesem Wunsch, etwas in Gang zu setzen, abhängt. In meinem Buch über Erfolg (»Tactics: The Art and Science of Success«) war das, was erfolgreiche Leute auszeichnete, dieser glühende Wunsch, etwas in Gang zu setzen.

Ich habe den gelben Hut »spekulativ positiv« genannt,

weil wir mit jedem Plan und jeder Handlung nach vorn in die Zukunft blicken. Dort nämlich werden die Handlung oder der Plan ausgeführt werden. Wir können uns der Zukunft nie so sicher sein wie der Vergangenheit, deshalb müssen wir darüber spekulieren, was geschehen könnte. Wir beginnen mit etwas, weil es das wert ist. Diese Einschätzung bildet den positiven Aspekt des Spekulativ-Positiven.

Selbst bei der Betrachtung von etwas bereits Geschehenem können wir uns dafür entscheiden, die positiven Aspekte ins Auge zu fassen oder zu einer positiven Interpretation zu gelangen.

– »Das Positive daran ist, daß wir jetzt wissen, was er tun wird. Die Unsicherheit ist vorüber.«

– »Wir wollen mal alle unseren gelben Hut aufsetzen und die positiven Aspekte ins Auge fassen. Kodak hat beschlossen, Sofortbildkameras herzustellen. Also werden sie für ihre Produkte werben müssen. Dadurch werden der Öffentlichkeit die Vorzüge der Sofortbild-Fotografie noch bewußter gemacht. Das sollte unserem Absatz förderlich sein – besonders wenn die Käufer feststellen, daß unser Produkt besser ist.«

– »Daß sie durchs Examen gefallen ist, war das beste, was ihr passieren konnte. Als Lehrerin wäre sie nie glücklich geworden.«

Für einige wenige Menschen ist das Positivsein eine angeborene Geisteshaltung. Die meisten Leute werden positiv sein, wenn es um ihre eigenen Ideen geht. Die meisten Leute werden einer Idee positiv gegenüberstehen, wenn sie bei ihr augenblicklich etwas für sich herausspringen sehen. Eigennutz ist eine solide Basis für positives Denken. Der gelbe Denk-Hut braucht nicht auf solche Motivationen zu warten. Der gelbe Denk-Hut ist ein vom Denker bewußt gewählter und angewandter Kunstgriff. Der positive Aspekt resultiert nicht daraus, daß man die Vorzüge einer Idee sieht, sondern er geht dem voraus. Der gelbe Hut kommt zuerst. Der Denker setzt den gelben Hut auf und erfüllt dann dessen *Forderung*, positiv und optimistisch zu sein.

Bei dem Vergleich mit dem Drucken einer Karte, den ich mehrmals gebraucht habe, trägt der gelbe Hut die gelbe Farbe auf, so wie der rote Hut die rote Farbe aufträgt.

– »Ehe Sie irgend etwas anderes tun, setzen Sie doch bitte Ihren gelben Hut auf und sagen Sie mir, was Sie von diesem neuen Ansatz halten.«

– »Sie haben mir jetzt alle Ihre Gründe genannt, warum Ihnen die Idee nicht gefällt und warum sie wahrscheinlich nicht umsetzbar ist. Jetzt möchte ich, daß Sie Ihren gelben Denk-Hut fest auf den Kopf drücken – was sehen Sie jetzt?«

– »Können Sie vom Gelben-Hut-Standpunkt aus irgendeinen Nutzen darin sehen, dieses Zubehörteil aus Plastik statt aus Metall anzufertigen? Die Kosten wären ungefähr dieselben.«

– »Ich habe die Idee, Kartoffelchips in einer Doppelpackung zu verkaufen. Niemand scheint sie zu mögen. Würden Sie mal den gelben Hut für mich aufsetzen?«

– »Also, ich will jetzt keine ausgewogene oder objektive Ansicht, sondern eine ausgesprochen gelbhütige.«

– »Mein schwarzer Hut sagt mir, daß dieses neue billige Feuerzeug unserem Absatz schaden könnte. Aber mein gelber Hut sagt mir, daß das billige Feuerzeug zwar den mittleren Markt kaputtmachen könnte, was aber einige Käufer zwingen würde, teurer zu kaufen, was wiederum uns nützen würde.«

– »Im Augenblick ist es schwer, einen gelben Hut zu tragen. Aber der Zeitungsstreik könnte den Menschen klarmachen, wie sehr ihnen ihre Zeitung fehlen würde und wieviel besser als das Fernsehen die Zeitung für einiges ist.«

Obwohl das Gelbe-Hut-Denken positiv ist, bedarf es genauso großer Disziplin wie beim weißen oder schwarzen Hut. Es handelt sich nicht einfach darum, etwas, das auftaucht, positiv einzuschätzen. Es ist vielmehr eine bewußte Suche nach dem Positiven. Manchmal allerdings ist die Suche umsonst.

– »Ich habe meinen gelben Hut auf, aber mir fällt nichts Positives ein.«

– »Ich werde meinen gelben Hut aufsetzen, aber ich glaube nicht, daß ich etwas Positives finden werde.«

Man mag sagen, ein positiver Aspekt könne wirklich nicht viel wert sein, wenn er nicht auf der Hand liegt. Man mag sagen, es sei sinnlos, sich das Hirn zu zermartern, um auf irgendwelche abwegigen positiven Aspekte ohne besonderen praktischen Wert zu kommen. Das heißt, das Wesen der Wahrnehmung zu verkennen. Es mag sehr überzeugende positive Aspekte geben, die auf den ersten Blick überhaupt nicht augenfällig sind. So arbeiten Unternehmer: Sie sehen den Wert, den die anderen nicht erkannt haben. Wert und Nutzen sind durchaus nicht immer offensichtlich.

28. Kapitel
Gelbes-Hut-Denken
Das positive Spektrum

Wann ist Optimismus Torheit?
Vom Hoffnungsvollen zum Logischen
Was ist Realismus?

Es gibt Leute, die auch dann noch gut von jemandem denken, nachdem sie von ihm betrogen worden sind. Sie glauben, daß dieser zunächst aufrichtig war und erst durch widrige Umstände oder durch treulose Kollegen dazu gebracht wurde. Sie erinnern sich an seine Überzeugungskraft und daran, wie gern sie sich überzeugen ließen.

Dann gibt es Leute, die in einem Maße optimistisch sind, daß es schon an Torheit grenzt. Es gibt Leute, die allen Ernstes damit *rechnen*, einen der Hauptgewinne in der Lotterie zu ziehen – und die ihr Leben auf dieser Hoffnung aufzubauen scheinen. Es gibt Industrielle, die angesichts des riesigen Marktes für Aspirin meinen, es lohne sich durchaus, wenn sie nur einen winzigen Teil des Marktes besetzten.

Ab wann muß man Optimismus Torheit und törichte Hoffnung nennen? Sollte Gelbes-Hut-Denken keine Grenzen haben? Sollte es auf die Wahrscheinlichkeit keine Rücksicht nehmen? Sollte all das dem Schwarzen-Hut-Denken überlassen bleiben?

Das positive Spektrum reicht vom Überoptimistischen

als dem einen Extrem bis zum Logisch-Praktischen als dem anderen. Wir müssen aufpassen, wie wir mit diesem Spektrum umgehen. Die Geschichte kennt eine Fülle impraktikabler Visionen und Träume, deren anspornende Wirkung dafür sorgte, daß diese Träume eines Tages Wirklichkeit wurden. Wenn wir unser Gelbes-Hut-Denken auf das beschränken, was vernünftig und wohlbekannt ist, dann wird es kaum Fortschritte geben.

Der springende Punkt ist, daß man auf das achtet, was dem Optimismus folgt. Wenn ihm nichts als eine Hoffnung folgt (wie die Hoffnung auf einen Lotteriegewinn oder die Hoffnung auf irgendein Wunder, das die Firma retten wird), dann dürfte ein solcher Optimismus fehl am Platze sein. Wenn aber der Optimismus zum Handeln in der gewählten Richtung führt, dann wird es schwieriger. Zu großer Optimismus führt gewöhnlich zum Scheitern, aber nicht immer. Nur diejenigen, die mit dem Erfolg rechnen, haben auch Erfolg.

- »Es gibt eine winzige Chance, daß jemand die Bruchlandung auf dem Gletscher überlebt hat. Wir müssen nachforschen.«
- »Es ist möglich, daß diese neue Partei die Wählerschaft der Opposition spalten wird.«
- »Wenn wir in die Werbung für diesen Film hoch investieren, dann dürfte er für uns zum Erfolg werden.«
- »Es besteht die Chance, daß es zum Auto des Jahres gewählt wird. Wir sollten uns darauf einstellen, das in unserer Werbung aufzugreifen. Es kann auch nicht so sein, aber wir müssen uns bereithalten.«

So wie bei den anderen Denk-Hüten auch ist der Zweck des gelben Hutes, die angenommene Denkkarte einzufärben. Aus diesem Grunde sollten optimistische Vorschläge festgehalten und in die Karte eingetragen werden. Es ist nicht nötig, sie genauestens zu beurteilen, ehe man sie einträgt. Trotzdem ist es sinnvoll, ihre Wahrscheinlichkeit grob einzuschätzen und ihnen als Kennzeichnung beizugeben.

Für den Grad der Wahrscheinlichkeit wäre folgende einfache Klassifizierung denkbar:
- bewiesen
- sehr wahrscheinlich, beruht auf Erfahrung und dem, was wir wissen
- gute Chancen aufgrund einer Kombination verschiedenster Umstände
- die Chancen stehen fifty-fifty
- bestenfalls möglich
- winzige Chance, eine vage Vermutung

Diese Klassifizierung ähnelt in etwa der für das Weiße-Hut-Denken.

Wir könnten beschließen, niemals aufgrund einer vagen Vermutung zu handeln, aber sie muß doch auf der Karte verzeichnet sein. Wenn sie darauf ist, können wir sie verwerfen, wenn wir das wollen, oder versuchen, die Chancen zu verbessern. Aber wenn sie nicht auf der Karte ist, haben wir überhaupt keine Wahlmöglichkeit.

- »Ich weiß, er ist sehr beschäftigt und teuer, aber setzen Sie sich mit ihm in Verbindung und bitten Sie ihn, die Konferenz zu eröffnen. Wenn wir Glück haben, nimmt er an. Im schlimmsten Fall kann er nur nein sagen.«
- »Alle Mädchen möchten Schauspielerin werden, und nur ganz wenige schaffen es; die Erfolgschancen sind also nicht groß. Trotzdem gelingt es einigen; also versuch es halt.«
- »Es ist nicht wahrscheinlich, daß Sie in einem Antiquitätenladen auf dem Dorf irgendwelche verborgenen Kunstschätze finden. Andererseits fanden sich die meisten verborgenen Kunstschätze an Orten, wo sie niemand erwartete.«

29. Kapitel
Gelbes-Hut-Denken
Gründe und logische Untermauerung

Worauf basiert die positive Einschätzung?
Warum glauben Sie, es wird auf diese Weise geschehen?
Gründe für den Optimismus

Eine positive Einschätzung kann auf Erfahrung, verfügbarer Information, logischen Folgerungen, Hinweisen, Trends, Vermutungen und Hoffnungen beruhen. Muß der Gelbe-Hut-Denker die Gründe für seinen Optimismus darlegen?

Ohne eine Begründung könnte das »gute Gefühl« ebensogut als Gefühl, Ahnung oder Intuition unter dem roten Hut eingeordnet werden. Gelbes-Hut-Denken sollte viel weitergehen.

Gelbes-Hut-Denken umfaßt die positive Einschätzung. Der Gelbe-Hut-Denker sollte alles daransetzen, seinen Optimismus so gründlich wie möglich zu untermauern. Dabei sollte er durchaus gewissenhaft vorgehen. *Aber das Gelbe-Hut-Denken muß nicht auf die Punkte beschränkt bleiben, die völlig gerechtfertigt werden können.* Mit anderen Worten: Sie sollten durchaus versuchen, Ihren Optimismus zu rechtfertigen, aber wenn Ihnen dies nicht gelingt, können Sie den betreffenden Punkt noch immer als Spekulation vorbringen.

Die Betonung liegt beim Gelben-Hut-Denken auf dem Erforschen und der positiven Spekulation. Zuerst versuchen wir, nützliche Aspekte zu entdecken, dann, sie zu rechtfertigen. Diese Rechtfertigung ist ein Versuch, den Vorschlag zu untermauern. Wenn eine solche logische Untermauerung nicht vom Gelben-Hut-Denken geliefert wird, wird sie auch sonst nicht geliefert.

– »Mein Gelbes-Hut-Denken legt mir nahe, daß sich Omelette gut für den Schnellimbiß eignen. Wenn ich nach Gründen suchte, die diese Ansicht untermauern, fielen mir das Bewußtsein für gesunde Ernährung und die Bevorzugung leichter Nahrungsmittel ein. Ich könnte hinzufügen: Immer weniger Leute essen zum Frühstück Eier, deshalb ist zu anderen Zeiten Gelegenheit dafür.«

– »Was halten Sie von einem Sortiment von Arbeitshandschuhen? Nicht einfach nur Handschuhe zum Wärmen, sondern Handschuhe für die Arbeit am Auto, Handschuhe, um damit zu essen, Handschuhe für die Hausarbeit. Heutzutage müssen die Menschen mehr für sich tun. Außerdem legen sie auch größeren Wert auf ihre Erscheinung und auf Hautpflege.«

30. Kapitel
Gelbes-Hut-Denken
Konstruktives Denken

Etwas in Gang setzen
Vorschläge und Anregungen

Stellen Sie sich acht brillante kritische Denker vor, die um einen Tisch sitzen und über Mittel und Wege nachdenken, wie die städtische Wasserversorgung verbessert werden kann. Keiner dieser kritischen Köpfe kann beginnen, ehe nicht irgend jemand einen Vorschlag gemacht hat. Dann erst kann sich ihre kritische Schulung in all ihrer Brillanz zeigen. Aber woher kommt der Vorschlag? Wer ist darin geschult, Vorschläge zu machen?

Kritisches Denken ist ein sehr wichtiger Bestandteil des Denkens, aber es ist keinesfalls alles. Wogegen ich mich so entschieden wende, ist die Vorstellung, es reiche aus, kritisches Denken herauszubilden. Das steht ganz in der Tradition abendländischen Denkens und hat sich als unzureichend herausgestellt.

Das Schwarze-Hut-Denken deckt den Aspekt des kritischen Denkens ab. In den Kapiteln über Schwarzes-Hut-Denken habe ich ganz deutlich gesagt, daß ein Denker, der den schwarzen Hut trägt, seine Rolle voll ausspielen soll, das heißt, daß seine Kritik so scharf wie möglich sein soll. Dies ist ein wichtiger Teil des Denkens, und es sollte gut gemacht werden. Die Aspekte des Konstruktiven und Generativen dagegen verbinden sich mit dem Gelben-Hut-Denken. Von ihm müssen die Ideen, Anregungen und Vorschläge kommen. Später werden wir sehen, daß auch der grüne Hut (Kreativität) eine wichtige Rolle bei der Ausarbeitung neuer Ideen spielt.

Das konstruktive Denken gehört unter den gelben Hut, weil alles konstruktive Denken seiner Haltung nach positiv ist. Man macht Vorschläge, um etwas zu *verbessern*. Es mag darum gehen, ein Problem zu lösen, eine Verbesserung durchzuführen oder eine Gelegenheit auszunutzen. In allen Fällen ist der Vorschlag darauf angelegt, irgendeine positive Veränderung herbeizuführen.

Ein Aspekt des Gelben-Hut-Denkens ist das reaktive Denken. Hierbei geht es um die positive Beurteilung, die das Gegenstück zur negativen Beurteilung des schwarzen Hutes ist. Der Gelbe-Hut-Denker konzentriert sich auf die positiven Aspekte einer ihm unterbreiteten Idee ebenso, wie sich der Schwarze-Hut-Denker auf die negativen Aspekte konzentriert. In diesem Abschnitt befasse ich mich mit einem anderen Aspekt des Gelben-Hut-Denkens – dem Aspekt des Konstruktiven.

– »Um die Wasserversorgung zu verbessern, könnten wir am Elkin River einen Damm bauen und dadurch einen Stausee schaffen.«

– »Fünfzig Meilen von hier, in den Bergen, gibt es reichlich Wasser. Wäre es denkbar, eine Rohrleitung dorthin zu legen?«

– »Eine normale Wasserspülung verbraucht bei jeder Betätigung etwa 25 bis 30 Liter. Es gibt jetzt neue Verfahren, die es ermöglichen, daß nur ungefähr fünf Liter verbraucht werden. Damit könnte man täglich bis zu 120 Liter pro Person, das heißt insgesamt über 30 Millionen Liter einsparen.«

– »Wie wäre es mit einer Wiederaufbereitung des Wassers? Ich habe von einer neuen Membranmethode gehört, die wirtschaftlich sein soll. Außerdem würde das unser Abwasserproblem verringern. Soll ich dem mal nachgehen?«

Alles das sind konkrete Vorschläge. Wenn ein Vorschlag erst einmal auf dem Tisch ist, kann er weiterentwickelt und schließlich der Schwarzen-Hut-Beurteilung unterzogen werden.

– »Setzen Sie bitte Ihre gelben Hüte auf, und machen Sie noch mehr konkrete Vorschläge. Je mehr wir haben, desto besser.«

– »John, was haben Sie vorzuschlagen? Wie könnten wir das Problem angehen? Setzen Sie Ihren gelben Hut auf.«

An dieser Stelle könnte eingewandt werden, daß Vorschläge von den »Wasserexperten« kommen sollten und daß es nicht Sache von Laien sei, solche Vorschläge zu machen. Die Rolle der Laien sei es, mit ihrem kritischen Verstand die Vorschläge zu prüfen, die die Experten gemacht hätten. Das ist eine in höchstem Maße politische Sprechweise: Die Techniker sind dazu da, die Ideen zu liefern, und die Politiker, sie zu prüfen. Es mag ja in der Politik tatsächlich einen Platz für dieses Denken geben, aber es liefert die Entscheidungsträger auf Gedeih und Verderb den Experten aus. Auf anderen Gebieten, etwa im Geschäftsleben und auf dem persönlichen Sektor, ist der Denker sein eigener Experte und muß die Ideen hervorbringen.

Wo kommen die Anregungen und Vorschläge her? Wie kommt der Gelbe-Hut-Denker auf eine Lösung?

Dieses Buch bietet nicht genügend Raum, um die verschiedenen Methoden des Entwerfens und Problemlösens genauer darzustellen. Diese Themen habe ich in anderen Büchern berührt. Die Gelben-Hut-Vorschläge brauchen nichts Besonderes und auch nicht sehr klug zu sein. Sie können Routineantworten auf Probleme sein, sie können Methoden einschließen, die, wie man weiß, woanders angewandt werden, sie könnten aber auch auf eine Kombination bereits bekannter Auswirkungen hinauslaufen, die dann zu einer ganz bestimmten Lösung führt.

Wenn sich der Denker mit Hilfe des gelben Hutes erst einmal aufs »Vorschlägemachen« eingestellt hat, werden ihm die Vorschläge bald einfallen.

– »Nehmen Sie Ihren schwarzen Hut ab. Wir wollen die Vorschläge, die wir bis jetzt haben, noch nicht einer Beurteilung unterziehen. Setzen Sie statt dessen Ihren gelben Hut auf, und machen Sie uns noch ein paar Vorschläge.«

– »Ich behalte meinen gelben Hut auf und schlage vor, wir lassen Privatunternehmen Wasser zu Wettbewerbspreisen verkaufen.«

– »Nein, wir sind noch nicht so weit, daß wir zu Schwarzem-Hut-Denken übergehen sollten. Ich glaube nicht, daß wir schon alle Vorschlagsmöglichkeiten erschöpft haben. Ja, natürlich haben wir vor, Experten und Berater herbeizuziehen, aber wir wollen erst ein paar denkbare Richtungen festhalten. Das heißt also noch ein bißchen konstruktives Gelbes-Hut-Denken.«

Gelbes-Hut-Denken befaßt sich also ebenso mit dem Ausdenken von Vorschlägen wie mit der positiven Beurteilung dieser Vorschläge. Zwischen diesen beiden Aufgaben ist eine weitere angesiedelt, nämlich die des Entwickelns oder »Aufbauens« eines Vorschlags. Das ist viel mehr als eine reaktive Beurteilung. Der Vorschlag wird vielmehr modifiziert und verbessert und untermauert.

Zu diesem Aspekt der Verbesserung gehört auch das Korrigieren von Fehlern, die von dem Schwarzen-Hut-Denken aufgedeckt worden sind. Wie ich schon sagte, kann das Schwarze-Hut-Denken zwar Fehler herausgreifen, ist aber für ihre Korrektur nicht zuständig.

– »Wenn wir die Wasserversorgung dem privaten Unternehmertum überlassen, dann besteht die Gefahr, daß die Stadt von einem Versorgungsunternehmen erpreßt wird, das seine Monopolstellung für seine Preisgestaltung ausnutzt.«

»Wir könnten dem vorbeugen, indem wir eine oberste Preisgrenze festsetzen, die von den augenblicklich üblichen Preisen ausgeht und einen Spielraum für inflationsbedingte Preissteigerungen läßt.«

Ich möchte betonen, daß für diesen Aspekt des Gelben-Hut-Denkens, das konstruktive Denken, keine besondere Klugheit erforderlich ist. Es entspringt einfach dem Wunsch, konkrete Vorschläge zu machen, auch wenn diese ganz durchschnittlich sind.

31. Kapitel
Gelbes-Hut-Denken
Spekulation

In die Zukunft sehen
Die Nützlichkeit von »falls«
Das bestmögliche Szenario

Spekulation hat etwas mit Mutmaßungen und Hoffnung zu tun. Investoren sind von Natur aus »Spekulanten«, selbst wenn das Wort im allgemeinen für Bauunternehmer und Devisenhändler reserviert ist. Ein spekulativer Bauunternehmer baut ein Haus, ohne bereits einen Käufer zu haben. Erst dann versucht er, einen Käufer zu finden.

Jeder »Spekulant« muß einen stark entwickelten Sinn für den potentiellen Nutzen einer Sache haben. Hoffnung muß ebenfalls mit im Spiel sein.

Gelbes-Hut-Denken ist mehr als nur Beurteilung und Vorschläge. Es ist eine Haltung, mit der der Denker einer Situation voraus ist. Gelbes-Hut-Denken ist darauf aus, mögliche Vorteile und möglichen Nutzen zu »erspähen«. Sobald diese nur von fern sichtbar sind, fängt die Erkundung in dieser Richtung an.

In der Praxis besteht ein großer Unterschied zwischen objektivem Urteil und der Absicht, einen positiven Nutzen zu entdecken. Dieses Nach-etwas-Greifen, ja Vorausgreifen des Gelben-Hut-Denkens bezeichne ich hier mit dem Wort »Spekulation«.

- »Es gibt eine neue Art von Fast Food, die immer beliebter wird. So eine Art plattgedrücktes Hähnchen, auf mexikanische Art zubereitet, unter dem Namen ›Pollo‹. Setzen Sie Ihren gelben Hut auf, und sagen Sie mir, was Sie davon halten.«
- »Es gibt so viele verschiedene Arten von Versicherungen, daß die Leute verwirrt sind. Könnten wir nicht so etwas wie eine ›Mantel-Versicherung‹ schaffen, die alles abdeckt? Gehen Sie und schenken Sie dieser Idee Ihre Gelbe-Hut-Aufmerksamkeit. Dann kommen Sie wieder und sagen mir, was Sie denken.«

Dieser spekulative Aspekt des Gelben-Hut-Denkens ist reines *Chancen-Denken*. Es geht über das Lösen von Problemen und die Vornahme von Verbesserungen hinaus. Die Menschen sind gezwungen, Probleme zu lösen, aber keiner ist jemals gezwungen, nach Chancen Ausschau zu halten. Aber jedem steht es *frei*, dies zu tun, wenn er es will.

Spekulatives Denken muß immer mit dem bestmöglichen Szenario anfangen. Auf diese Weise kann der größtmögliche Nutzen der Idee abgeschätzt werden. Wenn der Nutzen trotz des bestmöglichen Szenarios gering ist, dann lohnt es nicht, der Idee weiter nachzugehen.

- »Beim bestmöglichen Szenario wird das andere Geschäft zum Aufgeben gezwungen, und wir übernehmen das ganze Gebiet. Aber ich kann mir nicht vorstellen, daß das besonders profitabel wäre, denn der andere Laden schlägt sich gerade so durch.«
- »Beim bestmöglichen Szenario steigen die Zinsen rapide, und der Vorteil unserer transferierbaren Hypothek zu Festzinsen‹ macht das Haus leicht verkäuflich.«

Wenn im bestmöglichen Szenario die Vorteile attraktiv genug scheinen, muß als nächstes eingeschätzt werden, wie wahrscheinlich das Szenario ist – und wie wahrscheinlich es ist, daß sich die Vorteile in der angenommenen Weise einstellen werden.

In seiner spekulativen Eigenschaft stellt sich das Gelbe-Hut-Denken das bestmögliche Szenario und den größten Nutzen vor. Diese kann es dann nach seiner »Wahrscheinlichkeits«-Methode verkleinern. Schließlich kann dann das Schwarze-Hut-Denken auf die Schwachstellen hinweisen.

Günstige Gelegenheiten können sich abzeichnen, wenn die gegenwärtige Situation in die Zukunft projiziert wird. Sie können sich auch ergeben, »falls« ein bestimmtes Ereignis eintritt oder sich irgendeine Voraussetzung ändert.

– »Der Preis für festverzinsliche Wertpapiere wird steigen, wenn (falls) die Zinsen fallen.«
– »›Falls‹ die Benzinpreise fallen, werden sich große Autos leichter verkaufen lassen.«

Es gehört zur spekulativen Funktion des Gelben-Hut-Denkens, die möglichen »Falls«-Veränderungen zu erkunden.

Es geht niemals darum, Handlungen oder Entscheidungen auf die Ergebnisse einer »Falls«-Erkundung zu stützen, obwohl manchmal Verteidigungsmaßnahmen ergriffen werden müssen, wie zum Beispiel das Absichern von Geldern oder das Abschließen einer Feuerversicherung. Es ist einfach Teil der Gelben-Hut-Erkundung.

Auch zu den Schwarzen-Hut-Funktionen gehört es, das »Falls« zu erkunden – allerdings auf seine Risiken und Gefahren hin. Die korrespondierende Funktion des gelben Hutes ist die Erkundung des positiven Gegenstücks zum Risiko, das wir »günstige Gelegenheit« oder »Chance« nennen.

– »Unter welchen Bedingungen würde diese Hotelkette Profit abwerfen?«
– »Falls sich die Satellitenübertragung etabliert – was für Möglichkeiten würde sie dann den Inserenten bieten?«

Der spekulative Aspekt des Gelben-Hut-Denkens hat auch etwas mit *Vision* zu tun.

Ich habe die Rolle, die Visionen und Träume im Gelben-Hut-Denken spielen, in einem früheren Abschnitt erwähnt.

In gewissem Sinn geht die Vision über die Spekulation hinaus, denn die Vision kann sich ein Ziel setzen, das zu erreichen wenig Hoffnung besteht.

Bei jedem Entwurf ist eine Art von Vision im Spiel, die zuerst da ist. Genauso, wie ein guter Verkäufer einen Verkauf tätigt, indem er eine wunderbare Vision heraufbeschwört und den Kunden einlädt, sie mit ihm zu teilen, so verkauft der Entwerfende sich selbst eine positive Vision dessen, was er zu tun versucht. Zuerst kommt die Vision, und dann folgen Form und Detail. Diese Vision umfaßt sowohl den Nutzen als auch die Durchführbarkeit des Projekts: Es geht, und es lohnt sich.

Es ist sehr schwierig, überhaupt etwas zu tun, wenn nicht das Gefühl da ist, etwas Wertvolles zu leisten.

- »Ich habe diese Vision attraktiver billiger Wohnungen, und ich glaube, ich weiß auch schon, wie das durchführbar ist.«
- »Ich habe diese Vision einer anderen Ökonomie, die mit Reichtum und Produktivität auf eine neue Weise umgehen wird.«
- »Ich habe diese Vision, daß Denken in allen Schulen als Grundfach gelehrt wird. In einigen Ländern hat man damit schon angefangen.«

Eine Vision hat etwas Erregendes und Anregendes und geht damit weit über das objektive Beurteilen hinaus. Eine Vision setzt Denken und Handeln in einer bestimmten Richtung in Gang. Dies ist ein weiterer Aspekt des Gelben-Hut-Denkens.

32. Kapitel
Gelbes-Hut-Denken
Sein Verhältnis zur Kreativität

Der Unterschied zwischen konstruktiv und kreativ
Effektivität und Veränderung
Neue Ideen und alte Ideen

Gelbes-Hut-Denken hat nicht direkt etwas mit Kreativität zu tun. Der Aspekt der Kreativität wird ganz speziell vom grünen Denk-Hut abgedeckt, zu dem wir im folgenden Kapitel kommen.

Es ist völlig richtig, daß die Komponente des Positiven im Gelben-Hut-Denken auch für die Kreativität nötig ist. Es stimmt, daß die positive Beurteilung und die konstruktive Haltung unter dem gelben Hut für die Kreativität unerläßlich sind. Nichtsdestoweniger sind Gelbes-Hut-Denken und Grünes-Hut-Denken deutlich voneinander unterschieden.

Jemand kann ein vorzüglicher Gelber-Hut-Denker und trotzdem völlig unkreativ sein. Es scheint mir sehr gefährlich zu sein, wenn man die beiden Hüte durcheinanderbringt, denn dadurch könnte jemand, der nicht kreativ ist, das Gefühl bekommen, daß Gelbes-Hut-Denken nichts für ihn ist.

Kreativität hat mit Veränderung, Innovation, Erfindungen, neuen Ideen und neuen Alternativen zu tun. Ein Mensch kann ein ausgezeichneter Gelber-Hut-Denker sein, ohne jemals eine neue Idee zu haben. Die effektive Anwendung alter Ideen ist das eigentliche Betätigungsfeld des Gelben-Hut-Denkens. Die Ideen müssen nicht neu sein, und es bedarf nicht der Absicht, neue Ideen zu finden. Dem Gelben-Hut-Denken geht es um die positive Haltung, die eine Arbeit produktiv erledigen will. Effektivität ist demnach viel eher das Kennzeichen des Gelben-Hut-Denkens als Novität.

Nun könnte im Englischen die Bedeutungsvielfalt des dem Eigenschaftswort »creative« zugrundeliegenden Verbs »create« (dt. verursachen, schaffen, erschaffen) Verwirrung stiften. Einmal wird es im Sinne von »verursachen«, »schaffen« gebraucht. In diesem Sinne kann auch jemand Unordnung schaffen, ein Tischler schafft einen Stuhl, ein Unternehmer Arbeit. Doch dann kommt noch der Aspekt des »Neuen« hinzu. Das ist wieder verwirrend, denn es gibt zwei Arten von Neuheit: Einmal ist etwas neu in dem Sinne, daß es anders ist als das, was vorher da war, zum Beispiel ein Kommunikationssystem, das in einem Büro »neu« ist, obwohl es bereits in Tausenden von anderen benutzt wird; zum anderen ist etwas »neu« im Sinne einer absoluten Neuheit, also eine Erfindung oder eine Idee, die es noch niemals vorher gegeben hat.

Bei Künstlern geraten wir hier leicht in eine Zwickmühle. Ein Maler beispielsweise erschafft ganz eindeutig etwas, das vorher nicht da war. Da dieses Bild kaum genauso aussehen dürfte wie irgendein vorhergehendes, existiert jetzt etwas »Neues«. Und doch mag in diesem Bild weder eine neue Idee noch eine neue Sehweise enthalten sein. Der Maler hat vielleicht einen ausgesprochenen Stil und malt nun in diesem Stil eine Landschaft nach der anderen, sozusagen Fließbandarbeit in einem bestimmten Stil.

Gelbes-Hut-Denken hat eine Menge mit dem Verursachen und Herbeiführen von Dingen zu tun. Das Gelbe-Hut-Denken kann eine Idee aufgreifen, die anderswo verwendet wird, und für einen bestimmten Zweck einsetzen, es kann alternative Methoden zur Problemlösung entwikkeln, ja es kann sogar günstige Gelegenheiten erkennen – aber es hat nichts mit der Veränderung von Vorstellungen oder Sehweisen zu tun. Das ist Sache des Grünen-Hut-Denkens.

Wenn Sie sich jedoch vornehmen, eine Sache positiv zu betrachten, so kann das in sich bereits eine neue Sehweise schaffen, und das kann beim Gelben-Hut-Denken vorkommen.

– »Das Glas ist nicht halb leer, sondern halb voll.«

So wie das Schwarze-Hut-Denken einen Fehler aufzeigen und seine Korrektur dann dem Gelben-Hut-Denken überlassen kann, so kann das Gelbe-Hut-Denken eine günstige Gelegenheit definieren und es dann dem Grünen-Hut-Denken überlassen, sich einen neuartigen Weg auszudenken.

– »Immer mehr Menschen müssen in den Innenstädten parken. Wie können wir daraus Nutzen ziehen?«

– »Wir könnten die Zimmerpreise erhöhen, wenn wir das Hotel für Geschäftsreisende attraktiver machten. Wie könnten wir das machen? Sehen wir mal zu, was einem normalerweise dazu einfällt. Anschließend setzen wir unsere grünen Denk-Hüte auf, um ein paar neue Ideen zu entwickeln.«

33. Kapitel
Zusammenfassung des Gelben-Hut-Denkens

Gelbes-Hut-Denken ist positiv und konstruktiv. Die Farbe Gelb symbolisiert Sonnenschein, Helligkeit und Optimismus.

Gelbes-Hut-Denken befaßt sich mit der positiven Beurteilung so, wie sich das Schwarze-Hut-Denken mit der negativen Beurteilung befaßt.

Gelbes-Hut-Denken umfaßt ein positives Spektrum, das vom Logischen und Praktischen bis hin zu Hoffnungen, Träumen und Visionen reicht.

Gelbes-Hut-Denken forscht nach Wert und Nutzen. Dann versucht es, diese logisch zu untermauern. Gelbes-Hut-Denken versucht, seinen Optimismus auf eine gesicherte Grundlage zu stellen, ist darauf jedoch nicht festgelegt – vorausgesetzt, die anderen Spielarten des Optimismus werden entsprechend kenntlich gemacht.

Gelbes-Hut-Denken ist konstruktiv und generativ. Von ihm kommen konkrete Vorschläge und Anregungen. Gelbes-Hut-Denken befaßt sich mit Handlungs-Denken (»operacy«) und damit, etwas in Gang zu setzen. Das Ziel seines konstruktiven Denkens ist Effektivität.

Gelbes-Hut-Denken kann spekulativ sein und nach günstigen Gelegenheiten Ausschau halten. Es gestattet auch Visionen und Träume.

Gelbes-Hut-Denken erlaubt keine bloße Euphorie (roter Hut) und ist auch nicht direkt für das Hervorbringen neuer Ideen zuständig (grüner Hut).

34. Kapitel
Der grüne Hut
Kreatives und laterales Denken

Neue Ideen, neue Vorstellungen und neue Wahrnehmungen
Das bewußte Erzeugen neuer Ideen
Alternativen und noch mehr Alternativen
Veränderung
Neue Methoden, an Probleme heranzugehen

Grün ist die Farbe der Fruchtbarkeit, des Wachstums, die Farbe der Pflanzen, die aus winzigen Samenkörnern emporsprießen. Aus diesem Grunde habe ich für den Denk-Hut, der sich speziell mit Kreativität befaßt, als symbolische Farbe Grün gewählt. Dahinter steht der Gedanke an die ungeheure schöpferische Kraft der Natur, und es ist nützlich, sich immer wieder daran zu erinnern.

Beim grünen Denk-Hut geht es um neue Ideen und um eine neue Art, Dinge zu betrachten. Grünes-Hut-Denken will den alten Ideen entkommen, um bessere zu finden. Es sucht die Veränderung. Grünes-Hut-Denken ist eine bewußte und konzentrierte Bemühung in dieser Richtung.

- »Wir brauchen ein paar neue Ideen dazu. Setzen Sie Ihre grünen Denk-Hüte auf.«
- »Wir haben uns festgefahren. Wir kauen immer wieder dieselben alten Ideen durch und brauchen doch dringend einen neuen Ansatz. Wir sind an einem Punkt angelangt, wo wir Grünes-Hut-Denken einsetzen sollten. Also los.«
- »Sie haben jetzt all die traditionellen Wege zur Lösung

dieses Problems skizziert. Wir werden auf sie zurückkommen. Aber zuerst wollen wir zehn Minuten lang Grünes-Hut-Denken praktizieren. Vielleicht fällt uns ein neuer Weg ein.«

– »Was hier nötig ist, ist eine Grüne-Hut-Lösung.«

Wir brauchen Kreativität, weil alles andere versagt hat. Wir brauchen Kreativität, weil wir das Gefühl haben, etwas könnte einfacher oder besser gemacht werden.

Der Wunsch, etwas besser zu machen, sollte den Hintergrund all unseres Denkens bilden. Es gibt jedoch Zeiten, da wir Kreativität bewußt und auf ein bestimmtes Ziel konzentriert einsetzen müssen. Der Kunstgriff mit dem grünen Hut erlaubt es uns, in die kreative Rolle zu schlüpfen, so wie uns der rote Hut in die »Gefühls«-Rolle und der schwarze Hut in die »Negativ«-Rolle schlüpfen läßt.

Tatsächlich dürfte es eine größere Notwendigkeit für den grünen Hut als für irgendeinen der anderen Hüte geben. Es kann beim kreativen Denken nötig werden, um der Provokation willen Ideen vorzubringen, die absichtlich unlogisch sind. Deshalb muß es eine Möglichkeit geben, den Zuhörern deutlich zu machen, daß wir mit Absicht die Rolle des Hofnarren oder Clowns spielen, weil wir neue Vorstellungen provozieren *wollen*. Selbst wenn neue Ideen keine Provokationen sind, sind sie doch zarte Pflänzchen, die den Schutz des grünen Hutes vor dem unmittelbar einsetzenden Frost Schwarzer-Hut-Gewohnheiten brauchen.

Wie ich schon des öfteren gesagt habe, sind die sechs Denk-Hüte in unterschiedlicher Weise als *Signale* einsetzbar. Man kann jemanden *bitten,* einen bestimmten Hut aufzusetzen und dann auf diese Weise zu denken. Man kann *zu verstehen geben,* daß eine bestimmte Art zu denken wünschenswert erscheint. Man kann anderen *signalisieren,* daß man versucht, auf eine bestimmte Art und Weise zu denken – und daß sie deshalb diesen Beitrag in angemessener Weise aufnehmen sollten. Einer der wichtigsten

Aspekte ist jedoch, daß jeder *sich selbst ein Signal geben kann*. Das ist besonders wichtig beim grünen Hut. Sie setzen mit Bedacht den grünen Hut auf, und das bedeutet, daß Sie sich jetzt die Zeit für bewußtes kreatives Denken nehmen. Das ist ganz etwas anderes, als einfach nur darauf zu warten, daß Ihnen etwas einfällt. Ihnen mögen, während Sie den grünen Hut aufhaben, überhaupt keine neuen Ideen kommen, aber Sie haben sich bemüht. Je größer Ihre Fortschritte beim bewußten kreativen Denken, desto größer der Ertrag an Ideen. Auf diese Weise, das heißt durch den grünen Hut, wird das kreative Denken zu einem formalisierten Teil des Denkprozesses und bleibt nicht einfach ein Luxus.

Für die meisten Menschen ist die Ausdrucksweise des kreativen Denkens schwierig, da sie den natürlichen Gewohnheiten des Wiedererkennens, des Urteilens und des Kritisierens zuwiderläuft. Das Gehirn ist als eine »Wiedererkennungsmaschine« angelegt. Es ist daraufhin angelegt, Muster zu bilden, sie zu benutzen und alles abzulehnen, was diesen Mustern nicht entspricht. Die meisten Denker möchten gern sicher sein, möchten recht haben. Zur Kreativität gehören Provokation, Erforschung von Neuland und Risiko. Sie erfordert »Gedankenexperimente«. Man weiß nicht im voraus, wie das Experiment eventuell ausgehen wird, aber man will imstande sein, das Experiment durchzuführen.

- »Denken Sie daran, ich habe den grünen Hut auf und darf deshalb so etwas sagen. Dafür ist der grüne Hut da.«
- »Ich dachte, wir sollten unsere grünen Hüte tragen. Wir sind viel zu negativ. Ist das nicht Schwarzes-Hut-Denken?«
- »Mein Grüner-Hut-Beitrag ist der Vorschlag, daß wir Langzeithäftlingen bei ihrer Entlassung eine anständige Pension zahlen. Das würde ihnen die gesellschaftliche Reintegration erleichtern – sie hätten dann etwas zu

verlieren und würden versuchen, nicht rückfällig zu werden. Sehen Sie es als Provokation an, wenn Sie wollen.«

– »Unter dem Schutz des grünen Hutes möchte ich vorschlagen, daß wir den Verkäuferstab entlassen.«

Der grüne Hut für sich genommen kann niemanden kreativ machen. Er kann jedoch den Denkern zu Zeit und Konzentration verhelfen, damit sie kreativer sein können. Wenn mehr Zeit auf die Suche nach Alternativen verwendet wird, dann wird wahrscheinlich auch mehr gefunden. Sehr häufig sind kreative Menschen einfach Menschen, die mehr Zeit auf den *Versuch* verwenden, kreativ zu sein, weil sie motivierter sind. Die Grüne-Hut-Methode ist eine Art künstliche Motivation. Es ist nicht einfach, jemanden zur Kreativität zu motivieren, aber man kann mit Leichtigkeit jemanden bitten, seinen günen Hut aufzusetzen und einen Grünen-Hut-Beitrag zu leisten.

Kreativität ist mehr als einfach nur positiv und optimistisch zu sein. Positive und optimistische Gefühle gehören unter den roten Hut. Positive Beurteilung gehört unter den gelben Hut. Grünes-Hut-Denken erfordert wirklich neue Ideen, neue Methoden und weitere Alternativen.

Vom Weißen-Hut-Denken erwarten wir einen definitiven Beitrag an neutraler und objektiver Information. Vom Schwarzen-Hut-Denken erwarten wir eine spezifische Kritik. Vom Gelben-Hut-Denken würden wir gern positive Kommentare hören, aber das mag nicht immer möglich sein. Vom Roten-Hut-Denken erwarten wir Auskunft über die beteiligten Gefühle, selbst wenn diese neutral sind. Vom Grünen-Hut-Denken können wir jedoch keinen Beitrag *fordern*. Wir können das *Bemühen darum* fordern. Wir können fordern, daß Zeit auf die Erzeugung neuer Ideen verwandt wird. Dennoch kann dem Denker unter Umständen nichts Neues einfallen. Worauf es ankommt, ist folgendes: Nehmen Sie sich für den Versuch Zeit.

Sie können sich selbst (oder anderen) nicht befehlen,

eine neue Idee zu haben, aber Sie können sich selbst (oder anderen) befehlen, Zeit auf den Versuch zu verwenden, neue Ideen zu finden. Der grüne Hut stellt dazu eine formalisierte Methode bereit.

35. Kapitel
Grünes-Hut-Denken
Laterales Denken

Laterales Denken und sein Verhältnis zur Kreativität
Humor und laterales Denken
Muster in einem sich selbst organisierenden Informationssystem

Beim Schreiben über das Grüne-Hut-Denken habe ich das Wort »Kreativität« benutzt, weil dieses Wort allgemein gebräuchlich ist. Viele Leser dieses Buches werden noch niemals von mir oder dem von mir geprägten Begriff »laterales Denken« gehört haben.

Außerdem möchte ich darauf hinweisen, daß das Grüne-Hut-Denken für das breite Spektrum kreativer Bemühung steht und nicht auf das »laterale Denken« an sich beschränkt ist.

Ich habe den Begriff »laterales Denken« (»lateral thinking«) 1967 erfunden, und er ist heute offiziell ein Teil der englischen Sprache. Das »Oxford English Dictionary« verzeichnet mich als seinen Erfinder.

Der Begriff »laterales Denken« mußte aus zwei Gründen erfunden werden.

Der erste Grund ist die sehr umfassende und ziemlich unbestimmte Bedeutung des Wortes »kreativ« (»creative«), wie ich bereits beim Gelben-Hut-Denken dargelegt habe. Kreativität (schöpferische, erschaffende Kraft) kann, wie es scheint, für alles stehen – von »Unordnung schaffen« bis zum »Erschaffen einer Symphonie«. Laterales Denken dagegen befaßt sich präzise mit sich verändernden Vorstellungen und veränderter Wahrnehmung, die ja historisch bedingte Strukturierungen (Muster) der Erfahrung sind.

Der zweite Grund ist, daß das laterale Denken direkt auf dem Informationsverhalten aktiver, sich selbst organisierender Informationssysteme basiert. Laterales Denken ist in einem *asymmetrischen musterbildenden System der Übergang von einem Muster zu einem anderen*. Ich weiß, das klingt sehr technisch, und es besteht auch keine Notwendigkeit, die Grundlagen des lateralen Denkens zu verstehen, um seine Techniken anzuwenden. Aber für diejenigen, die gern wissen möchten, worauf es beruht, sei darauf hingewiesen. So wie das logische Denken auf dem Verhalten symbolischer Sprachen (einem Universum für sich) beruht, so beruht das laterale Denken auf dem Verhalten musterbildender Systeme (ebenfalls ein Universum für sich).

In der Tat besteht eine enge Verwandtschaft zwischen den Mechanismen des Humors und den Mechanismen des lateralen Denkens. Beide sind vom asymmetrischen Charakter der Wahrnehmungsmuster abhängig. Darauf beruht der plötzliche Sprung, das plötzliche Verstehen, woraufhin etwas offensichtlich wird.

Die bewußt angewandten Techniken des lateralen Denkens (verschiedene Formen von Provokation und »Bewegung«) stützen sich direkt auf das Verhalten musterbildender Systeme. Die Techniken sind so angelegt, daß sie dem Denker helfen, Muster zu durchbrechen, anstatt ihnen einfach zu folgen. Der Denker bricht durch zu einem neuen Muster, und wenn das sinnvoll erscheint, stellt sich der Heureka-Effekt ein.

Ein großer Teil unserer Denkkultur ist auf den »verarbeitenden« Teil des Denkens ausgerichtet. Für ihn haben wir vorzügliche Systeme entwickelt – zum Beispiel Mathematik, Statistik, Datenverarbeitung, Sprache und Logik. Aber alle diese Verarbeitungssysteme können nur mit den Wörtern, Symbolen und Verhältnissen arbeiten, die die Wahrnehmung ihnen liefert. Die Wahrnehmung ist es, die die komplexe Welt um uns herum auf jene Formen reduziert. Auf diesem Feld der Wahrnehmung arbeitet nun das laterale Denken an dem Versuch, die etablierten Muster zu verändern.

Laterales Denken umfaßt Haltungen, Idiome, Schritte und Techniken. Ich habe darüber mehrfach geschrieben (»Lateral Thinking« und »Lateral Thinking for Management«). Hier ist nicht der Ort, das alles noch einmal durchzugehen.

Allerdings werde ich in den folgenden Kapiteln einige grundlegende Punkte behandeln, da diese Punkte auch für die Ausübung des Grünen-Hut-Denkens von fundamentaler Bedeutung sind.

36. Kapitel
Grünes-Hut-Denken
Bewegung anstelle von Beurteilung

Eine Idee als Trittstein
Wohin bringt mich das?
Der Vorwärtseffekt einer Idee

Beim normalen Denken setzen wir unser *Urteil* ein. Wie verhält sich diese Idee zu dem, was ich weiß? Wie verhält sich diese Idee zu meinen vorhandenen Erfahrungsmustern? Wir kommen zu dem Urteil, daß sie dazu paßt, oder wir weisen darauf hin, inwieweit sie nicht paßt. Kritisches Denken und Schwarzes-Hut-Denken zielen beide darauf ab, einen Vorschlag in das, was wir bereits wissen, einzuordnen.

Wir können das den »Rückwärtseffekt« einer Idee nennen. Wir blicken zurück auf die Erfahrungen unserer Vergangenheit, um die Idee einzuschätzen. So wie Beschreibungen auf das passen müssen, was sie beschreiben, so sollen Ideen auf das passen, was wir wissen. Wie sonst könnten wir beurteilen, ob sie richtig sind?

Für den größten Teil unseres Denkens ist das Urteilen (sowohl das des gelben als auch das des schwarzen Hutes) unerläßlich. Wir könnten nichts ohne es tun. Beim Grünen-Hut-Denken jedoch müssen wir ein anderes Idiom an seine Stelle setzen. Wir ersetzen *Urteil* durch *Bewegung*.

Bewegung, ein weiterer von mir geprägter Begriff, ist ein

Schlüsselidiom des lateralen Denkens. Ich möchte hier ganz deutlich machen, daß Bewegung *nicht* einfach nur das Ausbleiben des Urteilens ist. In vielen frühen Versuchen über kreatives Denken ist die Rede davon, das Urteil aufzuschieben. Ich denke, das ist viel zuwenig, denn dem Denker wird nicht gesagt, was er tun soll – ihm wird nur gesagt, was er nicht tun soll.

Bewegung ist ein aktives Idiom. Wir benutzen eine Idee um ihres Bewegungswertes willen. Es gibt eine ganze Reihe von (bewußt eingesetzten) Möglichkeiten, aus einer Idee Bewegung zu gewinnen, so beispielsweise das Herausschälen des Prinzips, das Herausstellen des Unterschieds usw.

Geht es um den Gesichtspunkt der Bewegung, so benutzen wir eine Idee um ihres »Vorwärtseffektes« willen. Wir benutzen eine Idee, um zu sehen, wohin sie führt. Genauer gesagt: Wir benutzen eine Idee, um uns vorwärts zu bewegen. So wie wir einen Trittstein im Fluß benutzen, um von einem Ufer zum anderen zu gelangen, so benutzen wir eine Provokation als Trittstein, um von einem (Denk-)Muster zu einem anderen zu gelangen. Wie wir sehen werden, gehören Provokation und Bewegung zusammen. Ohne das Idiom der Bewegung ist die Provokation sinnlos, ohne Provokation bleiben wir in den Mustern der Vergangenheit gefangen.

– »Ich möchte, daß Sie diese Idee um ihres Bewegungswertes willen anwenden, nicht um ihres Beurteilungswertes willen. Angenommen, jedermann würde ein Polizist.«

Genauso eine Provokation führte zu der Idee der »Nachbarschaftswache«, die ich in der Titelgeschichte des »New York Magazine« vom April 1971 genauer dargestellt habe. Die Idee ist in 20 000 Gemeinden der Vereinigten Staaten verwirklicht worden. Der Gedanke: Alle Bürger fungieren als zusätzliche Augen und Ohren der Polizei, um Verbrechen in der näheren Umgebung zu verhindern oder zu entdecken. Es heißt, daß in den Gebieten, in denen die Idee angewandt wird, die Zahl der Verbrechen signifikant abgenommen hat.

- »Angenommen, wir stellten viereckige Hamburgers her? Welche Bewegung könnten Sie aus dieser Idee gewinnen?«
- »Angenommen, es gäbe übertragbare Versicherungsverträge, die eine Person direkt an eine andere weiterverkaufen könnte. Überdenken Sie das unter dem grünen Hut.«

Das könnte zu dem Gedanken führen, die Versicherungen grundsätzlich transferierbar zu gestalten. Die Versicherten selbst würden danach eingestuft, welches Risiko sie darstellen. Wenn man ein Risiko vom Typ AAA wäre, gewährte einem der Universalvertrag gewisse Vorteile, die man als AA-Typ nicht erhielte.

Manchmal benutzen wir eine Idee als Trittstein und landen bei einer völlig anderen Idee. Wir entlocken dem Trittstein bloß irgendein Prinzip, das wir dann anwenden. Ein anderes Mal bleiben wir bei einem »Sämling« von Idee und hegen und pflegen ihn, bis er zu einer kräftigen Pflanze heranwächst. Es kann auch vorkommen, daß wir eine unbestimmte Idee aufgreifen und zu etwas Konkretem und Praktischem formen. All das sind Aspekte der Bewegung. Der Schlüsselgedanke ist, daß wir uns *vorwärts* bewegen, entweder mit einer Idee oder von Idee zu Idee.

»Hier ist der Vorschlag, daß jeder, der befördert werden möchte, ein gelbes Hemd oder eine gelbe Bluse tragen sollte. Setzen Sie Ihren grünen Hut auf, und sagen Sie mir, wohin Sie diese Idee führt.«

»Sie führt mich zu dem Gedanken an die Selbsteinschätzung des Mannes, der sich entschlossen hat, ein gelbes Hemd zu tragen. Er muß dieser Selbsteinschätzung gerecht werden.«

»Sie führt mich zu der Überlegung, wie man Leute, die

zwar ehrgeizig sind, deren Talent aber nicht auffällt, erkennen kann. Vielleicht wäre es sinnvoller, ehrgeizige Leute auszubilden.«

»Sie bringt mich dazu, an die Spielregeln zu denken. Das gelbe Hemd wäre eine feste Spielregel im Beförderungsspiel, und jeder wüßte das. Wie viele Angestellte wissen, was sie tun müssen, um befördert zu werden?«

»Sie bringt mich dazu, an die Leute zu denken, die nicht befördert werden wollen. Sie können dies dadurch zeigen, daß sie das gelbe Hemd nicht tragen. Sie möchten einfach auf ihrem Arbeitsplatz bleiben.«

»Sie bringt mich auf die Idee, daß man so die Führerpersönlichkeiten erkennen kann. Jemand müßte ziemlich sicher wissen, wie er zu seinen Kollegen steht, bevor er es riskiert, das gelbe Hemd anzuziehen.«

Diese Art von Bewegung könnte zu einer Reihe nützlicher Ideen führen. Keine von ihnen brauchte von dem gelben Hemd an sich Gebrauch zu machen.

»Hier habe ich den Vorschlag, daß man sonnabends arbeiten und dafür am Mittwoch einen arbeitsfreien Tag einlegen sollte. Würden Sie bitte Ihren grünen Hut darauf ansetzen?«

»Da niemand die Wochenendschichten übernehmen will, wird vorgeschlagen, daß wir auf Dauer zusätzliche Arbeiter für die Wochenendarbeit einstellen, die von den anderen völlig unabhängig wären. Die Idee scheint machbar zu sein, aber nehmen Sie sie sich unter dem grünen Hut vor.«

Tatsächlich wurde letztere Idee ausprobiert und funktionierte sehr gut. Nachdem man einiges Grünes-Hut-Denken auf sie verwandt hatte, erschien sie attraktiv genug, um ausprobiert zu werden. In diesem speziellen Falle hätte Gelbes-Hut-Denken unter Umständen dasselbe bewirkt.

Bewegung sollte weit über eine positive Beurteilung einer Idee hinausgehen. Bewegung ist ein dynamischer Prozeß, kein Beurteilungsprozeß. Was ist an der Idee interessant? Was ist neu und anders an der Idee? Woran läßt mich die Idee denken? Wohin führt sie? Alle diese Fragen sind Teil des Bewegungsidioms.

Woran immer gedacht werden sollte: Beim Grünen-Hut-Denken ersetzt das Bewegungsidiom das Beurteilungsidiom vollständig.

37. Kapitel
Grünes-Hut-Denken
Die Notwendigkeit der Provokation

Der Gebrauch des Wortes »PO«
Die Logik des Absurden
Der Zufall als Provokation

Über wissenschaftliche Entdeckungen wird immer so geschrieben, als wären sie Schritt um Schritt logisch erfolgt. Manchmal war das wirklich so. In anderen Fällen ist das logische Voranschreiten nur das Resultat eines nachträglichen »Frisierens« dessen, was wirklich geschah. So sorgten oft ein unvorhergesehener Fehler oder ein Unfall für die nötige Provokation, die eine neue Idee in Gang setzte. Die Antibiotika verdanken ihre Existenz der versehentlichen Verunreinigung einer Petrischale durch Penicillinschimmel. Kolumbus wagte nur deshalb, den Atlantik zu überqueren, weil er die Entfernung um die Welt nach einer alten Abhandlung falsch berechnet hatte.

Auch die Natur liefert solche Provokationen. Eine Provokation kann man nicht suchen, da sie im üblichen Denken keinen Platz hat. Ihre Aufgabe besteht darin, das Denken aus seinen geläufigen Mustern herauszureißen.

Die Logik der Provokation entspringt direkt der Logik asymmetrischer musterbildender Systeme.

Wir können herumsitzen und auf Provokationen warten, oder wir können uns daranmachen, sie vorsätzlich herbeizuführen. Genau das passiert beim lateralen Denken. Die Fähigkeit, Provokationen einzusetzen, ist ein wesentlicher Teil des lateralen Denkens.

Im vorhergehenden Kapitel haben wir das Bewegungsidiom betrachtet. In diesem Sinne setzen wir Provokationen ein. Wir benutzen sie um ihres Bewegungswertes willen. Und jetzt wollen wir uns anschauen, wie sie ausgelöst werden.

Vor vielen Jahren habe ich das Wort »PO« erfunden, ein Symbolwort, das anzeigt, daß eine Idee *als Provokation und um ihres Bewegungswertes willen* geäußert wird. Wenn Sie so wollen, stehen die Buchstaben für »provocative operation« (»provokative Aktion«).

»PO« funktioniert wie eine Art weiße Fahne. Wenn sich jemand der Burgmauer näherte und dabei eine weiße Fahne schwenkte, hätte es nicht den Spielregeln entsprochen, diesen Mann zu erschießen. Wenn nun eine Idee unter dem Schutz von »PO« auftaucht, wäre es gleichermaßen gegen die Spielregeln, sie mit Schwarzen-Hut-Urteilen zu eliminieren.

In bestimmter Weise – wie ich vorher schon sagte – funktioniert das Wort »PO« genauso wie der grüne Hut. Jemand mit dem grünen Hut auf dem Kopf darf »verrückte« Ideen äußern. Der Aufgabenbereich des grünen Hutes ist viel größer als der von »PO«, das spezieller eingesetzt wird. Deswegen sollten Sie am besten beide benutzen.

- »PO: Autos sollten viereckige Räder haben.«
- »PO: Flugzeuge sollten auf dem Rücken landen.«
- »PO: Käufer sollten fürs Einkaufen bezahlt werden.
- »PO: leitende Angestellte sollten sich selbst befördern.«
- »PO: Fabriken, die Abwässer einleiten, sollten flußabwärts von sich selbst liegen.«

Diese letztere Provokation führte zu der Idee einer gesetzlichen Verordnung, daß jede an einem Fluß errichtete Fabrik ihr Wasser unterhalb ihrer eigenen Abwässereinleitung entnehmen muß. Auf diese Weise bekäme die Fabrik als erste eine Kostprobe ihrer Wasserverschmutzung.

Das Wort »PO« können Sie sich aus Wörtern entstanden denken wie »hy*po*thesis« (Hypothese), »sup*po*se« (annehmen, angenommen), »*po*ssible« (möglich) und sogar »*po*etry« (Dichtung). In allen wird eine Idee um ihres Vorwärtseffektes willen formuliert – um etwas zu provozieren.

Per definitionem kann eine absurde oder unlogische Idee innerhalb unseres normalen Erfahrungshorizontes nicht existieren. Deshalb liegt diese Idee außerhalb jedes existierenden Musters. Folglich zwingt uns eine Provokation, aus unseren gewohnheitsmäßigen Wahrnehmungsmustern auszuscheren. Indem wir uns von der Provokation in Bewegung setzen lassen, kann eins von drei Dingen passieren. Wir können uns außerstande sehen, uns überhaupt zu bewegen. Wir können zu den altgewohnten Mustern zurückdriften. Wir können aber auch auf ein neues Muster umschalten.

Genauso, wie es formalisierte Methoden gibt, um einer Idee Bewegung abzugewinnen, so gibt es auch formalisierte Methoden, um Provokationen zu schaffen. Das sind dann die Techniken des lateralen Denkens.

Beispielsweise arbeitet eine einfache Methode mit der *Umkehrung*. Wir machen uns klar, wie etwas normalerweise vor sich geht, und dann kehren wir es um.
– »Normalerweise bezahlen die Käufer die Ware, die sie kaufen. Wir wollen das mal umdrehen. PO, das Geschäft bezahlt die Kunden.«

Das könnte zu der Rabattmarken-Idee führen, bei der ja in der Tat jedem Käufer eine winzige Summe für seinen Einkauf bezahlt wird.

Das könnte zu der Idee führen, daß die Ladenkassen so eingerichtet werden, daß sie bei jeden eingenommenen 1000 Dollar einen bestimmten Gewinn auszahlen.

Provokationen müssen nicht absurd oder unlogisch sein. Es ist durchaus möglich, völlig ernsthafte Ideen als Provokationen zu betrachten. Wenn jemand mit einer Idee ankommt, die Ihnen nicht gefällt und die Sie sofort mit Ihrem Schwarzen-Hut-Denken abtun können, dann könnten Sie statt dessen Ihren grünen Hut aufsetzen und sich vornehmen, die Idee *als eine Provokation* zu behandeln. Diese Wahlmöglichkeit steht immer offen.

– »Ich kann mir nicht vorstellen, wie Ihre Idee eines Geschäftes, das auf einer ›Ehrenwort-Basis‹ operiert, funktionieren kann, denn ein Mißbrauch wäre zu leicht. Aber ich werde meinen grünen Hut aufsetzen und sie als Provokation ansehen. Das bringt mich auf die Idee, daß die Leute selbst ausrechnen, was sie zu bezahlen haben – und nur gelegentlich gibt es Stichproben. Wahrscheinlich würden sich die Fehler in beiden Richtungen gegenseitig aufheben.«

Eine sehr einfache Methode, um zu einer Provokation zu gelangen, ist der Gebrauch eines zufälligen Wortes. Sie können sich eine Seitenzahl in einem Wörterbuch denken, das Sie dann dort aufschlagen. Eine zweite gedachte Zahl könnte die Position des Wortes auf der Seite angeben. Zum Beispiel könnten Sie an Seite 92, achtes Wort von oben denken. Substantive lassen sich leichter verwenden als Verben oder andere. Eine Liste mit gebräuchlichen Wörtern läßt sich leichter verwenden als ein Wörterbuch.

Angenommen, wir benötigten unbedingt ein paar neue Ideen zu Zigaretten. Das zufällige Wort stellt sich als *Frosch* heraus.

Wir haben also Zigarette PO Frosch. Ein Frosch läßt an Hüpfen denken. Wir könnten also eine Zigarette machen, die nach kurzer Zeit ausgeht. Das könnte nützlich sein, um Brände zu verhindern. Es wäre dann für den Raucher auch möglich, nur ein paar Züge zu rauchen und die Zigarette später weiterzurauchen. Das wiederum führt zu einer neuen

Marke, den »Kurzen«, die in der Tat sehr kurz sind und nur
ein zwei- bis dreiminütiges Rauchen zulassen.
– »Ich möchte ein paar Ideen haben, die sich auf Fernseh-
  apparate beziehen. Das Zufallswort ist Käse, also Fernsehen PO Käse. Käse hat Löcher. PO der Bildschirm hat
  Löcher. Was könnte das bedeuten? Vielleicht könnte es
  auf dem Schirm ein paar ›Fenster‹ geben, in denen man
  sehen könnte, was auf den anderen Kanälen läuft.«
Bei logischen Äußerungen sollte es einen Grund geben für
das, was man sagt – und zwar vorher. Bei einer Provokation
gibt es vielleicht erst einen Grund, *nachdem* etwas gesagt
worden ist. Die Provokation bringt eine Wirkung hervor,
und der Wert oder Nutzen dieser Wirkung rechtfertigt die
Provokation.

Vielen mag es unvorstellbar erscheinen, daß ein Zufallswort helfen könnte, ein Problem zu lösen. Die Definition
von »zufällig« besagt, daß das Wort beziehungslos ist. Doch
nach der Logik asymmetrischer musterbildender Systeme
ist leicht einzusehen, warum ein Zufallswort funktioniert.
Es sorgt für einen anderen Ausgangspunkt. Indem wir von
diesem neuen Ausgangspunkt unseren Weg zurückverfol-
gen, vergrößern wir unsere Chance, daß wir auf einem
Weg zurückgelangen, den wir niemals eingeschlagen hätten,
wenn wir über den Gegenstand direkt nachgedacht hätten.

Genau wie Bewegung ist auch Provokation Teil des dem
Grünen-Hut-Denken eigenen Idioms. Als Frankreich-Be-
sucher müssen Sie Französisch sprechen – wenn Sie den
grünen Hut tragen, benutzen Sie Provokation und Bewegung, die Grammatik der Kreativität.

38. Kapitel
Grünes-Hut-Denken
Alternativen

Zu schnell zufrieden
Routen und Wahlmöglichkeiten
Alternativstufen

Bei den Mathematikaufgaben in der Schule rechnet man das Ergebnis aus und hat die Antwort. Von da geht man zur nächsten Rechenaufgabe über. Es hat keinen Zweck, auf die erste Aufgabe noch mehr Zeit zu verwenden, denn wenn die Antwort stimmt, gibt es keine bessere.

Viele Menschen gehen auch in ihrem späteren Leben so an ihre Denkaufgaben heran. Sobald sie auf ein Problem eine Antwort wissen, hören sie auf zu denken. Sie sind mit der ersten besten Antwort zufrieden. Das wirkliche Leben unterscheidet sich jedoch sehr von den Rechenaufgaben der Schulzeit. Normalerweise gibt es nicht nur eine Antwort. Manche Antworten sind viel besser als andere: Sie kosten weniger, sind verläßlicher und leichter in die Tat umzusetzen. Es gibt überhaupt keinen Grund anzunehmen, daß die *erste* Antwort die beste sein muß.

Wenn die Zeit sehr drängt und viele Probleme anstehen, mag das ein Grund sein, mit der ersten Antwort zufrieden zu sein – aber sonst nicht. Würde es Ihnen gefallen, wenn Ihr Arzt sich mit der ersten Diagnose zufrieden gäbe, die ihm einfällt, und dann nicht mehr über Ihre Krankheit nachdächte?

Deshalb nehmen wir die erste Antwort in dem Bewußtsein zur Kenntnis, daß wir jederzeit auf sie zurückgreifen können. Dann fangen wir an, nach Alternativen zu suchen. Wir machen uns daran, nach anderen Lösungen zu suchen. Wenn wir eine Reihe von Alternativen haben, dann können wir die beste aussuchen, das heißt die, die unseren Bedürfnissen und Möglichkeiten entspricht.

Wir mögen eine völlig ausreichende Methode für etwas haben, aber das heißt noch lange nicht, daß es keine bessere gibt. Deshalb suchen wir nun nach einer alternativen Methode. Das ist der Ausgangspunkt jeder Verbesserung, die nicht Fehlerkorrektur oder Problemlösung ist.

Bis jetzt ging es in diesem Kapitel um Situationen, bei denen wir bereits wissen, wie wir an etwas herangehen können. Unsere Suche nach Alternativen ist wirklich die Suche nach einer besseren Möglichkeit. Es kann aber auch vorkommen, daß wir noch nicht wissen, wie wir vorgehen sollen.

Wenn wir eine Reise planen, überlegen wir uns alternative Routen. Wenn wir die geistige Karte von einer Situation fertiggestellt haben, suchen wir uns alternative Routen zu unserem Ziel.

Der Gedanke der Alternative besagt, daß es gewöhnlich mehr als nur eine Möglichkeit gibt, etwas zu tun, mehr als eine Betrachtungsweise. Das Zugeständnis, daß es Alternativen geben könnte, und die Suche danach sind grundlegende Bestandteile des kreativen Denkens. In der Tat zielen die verschiedenen Techniken des lateralen Denkens darauf ab, neue Alternativen zu entdecken.

Die Bereitschaft, nach alternativen Betrachtungsweisen, Erklärungsmodellen oder Verfahrensweisen zu suchen, gehört wesentlich zum Grünen-Hut-Denken.

– »Das Konkurrenzblatt hat gerade seinen Preis erhöht.

Setzen Sie Ihren grünen Hut auf, und listen Sie sämtliche Alternativen auf.«

- »Wir haben einen Erpresserbrief erhalten, der besagt, daß, falls wir nicht eine größere Geldsumme zahlen, unsere Produkte in den Läden vergiftet werden. Lassen Sie uns erst einmal die uns offenstehenden Möglichkeiten durchgehen. Dann wollen wir unsere grünen Hüte aufsetzen und nach möglichen anderen suchen.«

Die Suche nach Alternativen impliziert eine kreative Haltung: Man akzeptiert die Existenz verschiedener Wege. Die Suche selbst mag noch keiner speziellen Kreativität bedürfen, zumindest nicht, bis man die auf der Hand liegenden Alternativen durchgegangen ist. Da kann es einfach darum gehen, sich auf die Sache zu konzentrieren und die bekannten Methoden aufzulisten, mit denen man an sie herangehen kann. Das reicht jedoch nicht aus. Wie es einer Anstrengung bedarf, über die erstbeste Lösung hinauszugehen, so sollten wir auch eine kreative Anstrengung unternehmen, über die ersten offensichtlichen Alternativen hinauszugehen. Genaugenommen benötigen wir das Grüne-Hut-Denken nur für diese zusätzliche Suche. Die anfängliche Suche könnte sogar unter dem Weißen-Hut-Denken stattfinden: »Gehen Sie die Methoden durch, die in solchen Situationen normalerweise angewandt werden.«

In der Praxis empfiehlt es sich jedoch, die gesamte Suche nach Alternativen unter das Grüne-Hut-Denken zu stellen.

Beim Managementtraining wird großer Nachdruck auf die Entscheidungsfindung gelegt. Jedoch hängt die Qualität einer jeden Entscheidung in hohem Maße von den Alternativen ab, die dem Entscheidungsträger zur Verfügung stehen.

- »Wir werden über einen Standort für dieses Feriendorf entscheiden müssen. Setzen Sie Ihre grünen Hüte auf und nennen Sie mir alle nur denkbaren Alternativen. Dann können wir eine Auswahl treffen.«

– »Wie wollen wir diese Computer verteilen? Welche alternativen Strategien gibt es?«

Viele glauben, daß ein logisches Durchleuchten alle nur möglichen Alternativen sichtbar machen kann. In einem geschlossenen System mag das ja stimmen, aber selten in Situationen des wirklichen Lebens.

– »Es gibt drei mögliche Alternativen. Wir können den Preis lassen, wie er ist. Wir können ihn senken. Oder wir können ihn anheben. Etwas anderes können wir nicht tun.«

Es ist richtig, was immer hinsichtlich des Preises unternommen wird, muß schließlich unter eine dieser drei Alternativen fallen. Aber es existiert eine riesige Anzahl von Variationsmöglichkeiten. Wir können den Preis später (wie viel später?) senken. Wir können den Preis für einen Teil des Produktes senken. Wir können das Produkt verändern und eine Niedrigpreisversion produzieren. Wir können unsere Produktwerbung ändern, um einen höheren Preis zu rechtfertigen (wobei wir den Preis so lassen oder ihn sogar anheben). Wir können den Preis erst einmal senken und nach einer gewissen Zeit wieder anheben. Wir können den Preis unangetastet lassen und einen speziellen Rabatt einräumen. Wir können den Preis senken und dann alle Extras gesondert in Rechnung stellen. Wenn wir alle diese Möglichkeiten (und es gibt noch sehr viel mehr) in Betracht gezogen haben, könnten wir sie tatsächlich als zu einer der drei oben genannten Alternativen gehörig klassifizieren. Aber deren bloßes Auflisten bringt noch nicht alle die dann entwickelten Alternativen hervor.

Es ist ein rigiden Denkern häufig unterlaufender Fehler, größere alternative Kategorien zu umreißen und dann dabei zu verharren.

– »Was ich wirklich möchte, ist, den Preis gleichzeitig anzuheben und zu senken. Wir werden ein niedrigpreisiges Modell für den allgemeinen Konsum und ein hoch-

preisiges Modell für gehobene Ansprüche herausbrin-
gen.«

Die Alternativen liegen auf verschiedenen Stufen. Ich habe
ein paar Tage lang nichts zu tun. Was soll ich mit der
Freizeit anfangen? Ich könnte Urlaub machen. Ich könnte
einen Kurs belegen. Ich könnte viel im Garten arbeiten. Ich
könnte einige Sachen aufarbeiten.

Wenn ich mich entschließe, Urlaub zu machen, betrete
ich die nächste Stufe. Was für einen Urlaub will ich? Es
könnte ein Sonne-Meer-Urlaub sein. Es könnte eine Kreuz-
fahrt sein. Es könnte ein Sport-Urlaub sein. Wenn ich mich
für den Sonne-Meer-Urlaub entscheide, betrete ich die
nächste Stufe. Wohin fahre ich? Es könnte das Mittelmeer
sein. Es könnte die Karibik sein. Es könnten die Pazifi-
schen Inseln sein. Dann muß noch entschieden werden,
wie ich dort hinkomme und wo ich wohnen will.

Wann immer wir nach einer Alternative Ausschau halten, tun wir dies innerhalb eines akzeptierten Rahmens, in
dem wir normalerweise bleiben möchten.

– »Ich habe Sie um alternative Entwürfe für einen Regen-
   schirm gebeten, und Sie kommen mir mit einem Entwurf für einen Regenmantel.«

Manchmal müssen wir aber den Rahmen in Frage stellen
und uns auf eine höhere Stufe begeben.

– »Sie wollten von mir alternative Methoden wissen, wie
   man die Lastwagen beladen könnte. Ich muß Ihnen aber
   sagen, daß es sinnvoller wäre, unsere Produkte per Bahn
   zu versenden.«

– »Ich sollte Ihnen Medien für unsere Werbekampagne
   vorschlagen. Ich muß Ihnen aber sagen, daß man das
   Geld besser für Public Relations ausgeben sollte.«

Stellen Sie den Rahmen von Zeit zu Zeit ruhig in Frage und
wechseln Sie die Stufen. Aber stellen Sie sich auch darauf
ein, Alternativen auf der bezeichneten Stufe zu erdenken.
Kreativität erhält einen sehr schlechten Ruf, wenn kreative

Leute immer darauf bestehen, ein anderes Problem als das ihnen vorgelegte lösen zu wollen. Das Dilemma ist immer gegenwärtig: Wann soll man innerhalb des vorgegebenen Rahmens arbeiten, und wann soll man ausbrechen?

Wir kommen jetzt zu dem vielleicht schwierigsten Kapitel bei der ganzen Kreativität – der schöpferischen Pause. Die schöpferische Pause ist nicht vorhanden, wenn wir sie nicht einlegen.

Alles läuft ganz glatt. Wir haben an den richtigen Stellen nach Alternativen gesucht. Wir haben verschiedene Methoden der Annäherung an das Problem entwickelt. Was wollen wir denn noch von der Kreativität?

Ich habe einmal zehn Minuten mit dem angestrengten Versuch verbracht, einen Wecker abzustellen, der gar nicht klingelte. Ich hatte nicht innegehalten, um zu überlegen, ob das Klingeln nicht von meinem anderen Wecker kommen konnte.

Die schöpferische Pause tritt dann ein, wenn wir sagen: »Es gibt keinen offensichtlichen Grund, warum ich gerade jetzt innehalten sollte, um Alternativen in Betracht zu ziehen. Aber genau das mache ich jetzt.«

Im allgemeinen sind wir so problemorientiert, daß wir, wenn es keine Probleme gibt, lieber ungestört weitermachen, als daß wir innehielten, um uns neue Denkarbeit zu schaffen.

– »Ich will nicht, daß Sie glauben, wir hätten hier ein Problem, denn das stimmt nicht. Aber ich möchte, daß Sie Ihren grünen Hut aufsetzen und eine schöpferische Pause einlegen im Hinblick auf unseren Brauch, die Autos vor dem Verkauf zu lackieren.«

– »Legen Sie hier mal eine Grüne-Hut-Pause ein: Vertreter bekommen auf das, was sie verkaufen, eine Provision.«

– »Denken Sie an das Lenkrad eines Autos. Es erfüllt seine Aufgabe sehr gut. Pausieren Sie unter dem grünen Hut.«

39. Kapitel
Grünes-Hut-Denken
Persönlichkeit und Fähigkeit

Ist Kreativität eine Frage der Fähigkeit,
des Talents oder der Persönlichkeit?
Es ist leichter, die Masken zu wechseln als die Gesichter
Stolz auf angewandte Fähigkeiten

Ich werde oft gefragt, ob Kreativität eine Frage der Fähigkeit, des Talents oder der Persönlichkeit sei. Die richtige Antwort wäre, daß alle drei eine Rolle spielen können. Aber ich gebe diese Antwort nicht. Wenn wir uns nicht bemühen, die Fähigkeit, kreativ zu sein, zu entwickeln, *kann* es *nur* eine Frage des Talents oder der Persönlichkeit sein. Die Menschen akzeptieren viel zu bereitwillig, daß diese Eigenschaften den Ausschlag geben, und meinen, da sie diese nicht besäßen, wäre es besser, sie überließen die Kreativität lieber anderen. Deshalb betone ich zunächst, wie wichtig es ist, seine Fähigkeit, kreativ zu denken, bewußt zu entwickeln (z.B. mit Hilfe von Techniken des lateralen Denkens). Dann erst weise ich darauf hin, daß einige Menschen darin noch immer besser sein werden, so wie manche eben besser Tennis spielen oder Ski laufen können – aber daß die meisten Menschen ein durchaus befriedigendes Niveau zu erreichen vermögen.

Ich halte nichts von der Vorstellung, die Kreativität sei eine besondere Gabe. Ich denke sie mir lieber als einen normalen und notwendigen Teil des Denkens. Wir werden nicht alle Genies werden, aber es hofft ja auch nicht jeder Tennisspieler darauf, in Wimbledon zu gewinnen.

Mir wird immer von Leuten erzählt, die von Natur aus Schwarze-Hut-Denker sind. Es scheint ihnen die größte Freude zu bereiten, jede Idee, jeden Veränderungsvorschlag zunichte zu machen. Ich werde dann oft gefragt, ob es möglich wäre, die Persönlichkeit solcher Leute zu mildern, und ich werde gefragt, ob man sie nicht der Kreativität gegenüber toleranter machen könnte, auch wenn sie selbst nie kreativ sein wollen.

Ich glaube nicht, daß man die Persönlichkeit verändern kann. Ich glaube aber, daß man die Einstellung eines solchen Menschen zur Kreativität auf Dauer beeinflussen kann, wenn man ihm die »Logik« der Kreativität klarmacht. Ich kenne mehrere Fälle, wo dies eingetreten ist. Am praktischsten bedient man sich dazu des Grünen-Hut-Idioms.

- »Wenn Sie Ihren schwarzen Denk-Hut aufhaben, machen Sie Ihre Sache großartig. Ich möchte Ihre kritische Effektivität nicht dämpfen. Aber wie wäre es mit dem grünen Hut? Sehen Sie doch einmal zu, was Sie damit anfangen können.«
- »Vielleicht ziehen Sie es vor, ein Ein-Hut-Denker zu sein. Vielleicht sind Sie kein Allroundmann. Vielleicht können Sie nur ein Lied singen. Vielleicht werden Sie der Spezialist für das Negative bleiben müssen. Wir werden Sie nur dann in die Diskussion miteinbeziehen, wenn wir Schwarzes-Hut-Denken benötigen.«

Keiner möchte gern für einseitig gehalten werden. Ein Denker, der hervorragend mit dem schwarzen Hut denkt, möchte auch mit dem grünen Hut mindestens für passabel gehalten werden.

Die klare Trennung des grünen vom schwarzen Hut bringt es mit sich, daß der Schwarze-Hut-Experte nicht das Gefühl erhält, er müsse seine Negativität zurücknehmen, um kreativ zu sein. Wenn er negativ ist, kann er dies genauso uneingeschränkt sein wie vorher (vergleichen Sie das mit Versuchen, die Persönlichkeit zu verändern).

Die Maske der Tragödie und die der Komödie sind zweierlei. Der Schauspieler selbst verändert sich nicht. Er spielt jede Rolle voll aus, je nachdem, welche Maske er trägt. Ja, er ist stolz darauf, beides spielen zu können, Komödie wie auch Tragödie. Er ist stolz auf seine Fähigkeiten als Schauspieler.

Ganz genauso muß ein Denker stolz auf seine Fähigkeiten als Denker sein. Diese bestehen darin, jeden der sechs Denk-Hüte tragen und das jeweils angemessene Denken durchhalten zu können. Ich habe diesen speziellen Punkt früher schon einmal erwähnt, tue es hier aber noch einmal im Zusammenhang mit dem praktischen Problem, wie mit einer negativen Persönlichkeit umzugehen ist.

- »Im Augenblick ist Grünes-Hut-Denken dran. Wenn Sie das nicht können, seien Sie eine Weile still.«
- »Sie können wenigstens versuchen, Grünes-Hut-Denken einzusetzen. Sie werden niemals Vertrauen dazu entwickeln, wenn Sie es nicht einmal versuchen.«

Kreatives Denken ist normalerweise in einer schwachen Position, da es kein notwendiger Teil des Denkens zu sein scheint. Die Formalisierung durch den grünen Hut verleiht ihm unter anderem den Rang eines anerkannten Teils des Denkens.

40. Kapitel
Grünes-Hut-Denken
Was geschieht mit den Ideen?

Was geschieht dann?
Das Ausrichten und Abstimmen der Ideen
Der Ideen-Manager

Einer der schwächsten Punkte bei der Kreativität ist das »Ernten« der Ideen. Ich habe an vielen Kreativ-Sitzungen teilgenommen, bei denen eine Menge guter Ideen zum Vorschein kamen. Im Rückmeldestadium erwies sich dann jedoch, daß die meisten dieser Ideen von den Teilnehmern nicht bemerkt worden waren.

Wir neigen dazu, nur die endgültige, kluge Lösung im Auge zu haben. Wir ignorieren alles andere. Abgesehen von dieser klugen Lösung kann es aber noch vieles andere von Wert geben. Es können neue Denkrichtungen angedeutet werden, selbst wenn noch nicht genau zu erkennen ist, wie es in dieser Richtung weitergehen soll. Es mag noch nicht voll entwickelte Ideen geben, die noch nicht brauchbar sind, weil noch viel an ihnen gearbeitet werden muß. Neue Prinzipien mögen sich herauskristallisiert haben, auch wenn sie noch nicht praktisch gewandet sind. Ein Überwechseln zu einem anderen Ideentyp kann stattgefunden haben. Ebenso kann sich der Bereich ändern, in welchem man nach Lösungen sucht. Gebiete können neu als »ideenempfindlich« (neue Ideen würden dort viel ausmachen) eingestuft werden. All das sollte festgehalten werden.

Zum kreativen Prozeß sollte gehören, daß man eine Idee so ausrichtet, daß sie zwei Anforderungen möglichst genau entspricht.

Die erste Anforderung ist die der Situation. Man versucht, die Idee brauchbar zu machen. Dies geschieht, indem man die Hindernisse ins Spiel bringt und sie als gestaltende Elemente benutzt.

- »Das ist eine großartige Idee, aber in ihrer augenblicklichen Gestalt wäre sie viel zu teuer. Können wir sie so modifizieren, daß sie nicht so teuer ist?«
- »Zum gegenwärtigen Zeitpunkt würden uns die Bauvorschriften das nicht gestatten. Können wir die Idee so zuschneiden, daß sie den Vorschriften nicht zuwiderläuft? Ist das möglich?«
- »Das ist das richtige Produkt für eine große Firma. Das sind wir aber nicht. Gibt es irgendeine Möglichkeit für uns, die Idee einzusetzen?«

Achten Sie darauf, daß die Hindernisse als gestaltende Elemente und nicht zur Ablehnung benutzt werden.

Die zweite Anforderung, der die Idee entsprechen muß, ist, daß sie den Bedürfnissen der Menschen, die sie ausführen sollen, gerecht wird. Leider ist die Welt nicht vollkommen. Es wäre schön, wenn jedermann die Brillanz und das Potential einer Idee erkennen könnte, die doch für ihren Urheber ganz offensichtlich sind. Das kommt aber nicht oft vor. Es gehört folglich zum kreativen Prozeß, die Idee auf die Bedürfnisse jener zuzuschneiden, die sie schließlich »abkaufen« müssen.

- »Zur Zeit finden nur solche Ideen Interesse, die helfen, Geld zu sparen. Gibt es irgendeine Möglichkeit, diese Idee als Geldersparnis – jetzt oder in Zukunft – zu sehen?«
- »Um Anklang zu finden, darf eine Idee nicht zu neu sein.

Sie muß in erkennbarer Weise einer alten und erprobten Idee, von der man weiß, daß sie funktioniert, ähneln. Welchen Vergleich können wir ziehen?«

- »Es wird großer Wert auf die Möglichkeit gelegt, Ideen zu testen. Wie können wir diese Idee testen?«
- »High Tech ist die neue Mode. Könnte die Elektronik zur Verbesserung dieser Idee eingesetzt werden?«

Manchmal mag dieses Vorgehen schon ans Unlautere grenzen. Aber es ist nichts Unlauteres daran, ein Produkt für den Käufer zu entwerfen. Und so müssen auch Ideen auf die Bedürfnisse der Käufer (innerhalb der Firma) hin entworfen werden.

In einigen meiner Arbeiten habe ich die Rolle eines Ideen-Managers vorgeschlagen. Das ist jemand, der dafür zuständig ist, daß die Ideenproduktion angeregt wird und die Ideen dann gesammelt und gelenkt werden; jemand, der Kreativ-Sitzungen einberuft; jemand, der die Probleme denjenigen vor die Nase setzt, die zu ihrer Lösung da sind; jemand, der sich genauso um die Ideen kümmert, wie sich der Leiter einer Finanzabteilung um die Finanzen kümmert.

Wo es einen solchen Ideen-Manager gibt, sammelt er den Ertrag des Grünen-Hut-Denkens. Wo nicht, bleibt der Ertrag bei denen, die ihn hervorgebracht haben, zu ihrer eigenen Verwendung.

Als nächstes folgt das Gelbe-Hut-Stadium. Dazu gehört auch die konstruktive Entwicklung der Idee, ebenfalls die positive Einschätzung und die Suche nach untermauerten Vorteilen und Werten, wie das bereits in dem Kapitel über Gelbes-Hut-Denken besprochen wurde.

Dann kommt das Schwarze-Hut-Denken. Zu jeder Zeit kann Weißes-Hut-Denken zu Rate gezogen werden, damit es die Daten liefert, die benötigt werden, um abschätzen zu können, ob die Idee funktionieren wird und ob sie, wenn sie funktioniert, einen Wert hat.

Der letzte Schritt führt zum Roten-Hut-Denken: Gefällt uns die Idee gut genug, um sie weiterzuverfolgen? Es mag sonderbar erscheinen, daß sie am Ende einem emotionalen Urteil unterworfen wird. Doch hierin liegt die Hoffnung, daß dieses emotionale Urteil auf den verfügbaren Ergebnissen einer Überprüfung durch den schwarzen und den gelben Hut basiert. Wenn aber eine Idee ohne Begeisterung aufgenommen wird, dann wird sie wahrscheinlich keinen Erfolg haben, wie gut sie auch sein mag.

41. Kapitel
Zusammenfassung des Grünen-Hut-Denkens

Der grüne Hut ist für das kreative Denken da. Derjenige, der den grünen Hut aufsetzt, wird die Redeweise des kreativen Denkens verwenden. Die Anwesenden sind aufgefordert, die Ergebnisse als kreative Ergebnisse zu behandeln. Idealerweise sollten Denker wie auch Zuhörer ihren grünen Hut tragen.

Die Farbe Grün symbolisiert Fruchtbarkeit, Wachstum und den Wert von Samenkörnern.

Die Suche nach Alternativen ist für das Grüne-Hut-Denken fundamental. Es ist notwendig, über das Bekannte und Offensichtliche und Zufriedenstellende hinauszugelangen.

Schöpferische Pause bedeutet, daß der Denker jederzeit innehalten kann, um darüber nachzudenken, ob es an diesem Punkt alternative Ideen geben könnte. Dazu bedarf es keines bestimmten Grundes.

Beim Grünen-Hut-Denken ersetzt das Idiom der Bewegung das des Urteilens. Der Denker trachtet danach, sich von einer Idee fortzubewegen, um zu einer neuen zu gelangen.

Die Provokation ist ein wichtiger Bestandteil des Grünen-Hut-Denkens und wird durch das Wort »PO« symbolisiert. Eine Provokation soll uns aus unseren normalen Denkmustern herausreißen. Es gibt viele Möglichkeiten, Provokationen auszulösen, beispielsweise die Methode des zufälligen Wortes.

Laterales Denken umfaßt eine Reihe von Haltungen, Idiomen und Techniken (u. a. Bewegung, Provokation und »PO«), mit denen Muster in einem sich selbst organisierenden asymmetrischen musterbildenden System durchbrochen werden sollen. Es wird eingesetzt, um neue Vorstellungen und Sehweisen hervorzurufen.

42. Kapitel
Der blaue Hut
Die Leitung des Denkens

Das Nachdenken über das Denken
Anweisungen für das Denken
Die Organisation des Denkens
Aufsicht über die anderen Hüte

Stellen Sie sich eine Schalttafel vor. Bedient wird sie von jemandem in einem blauen Overall, der einen blauen Hut auf dem Kopf trägt.

Wenn wir den blauen Hut aufhaben, dann denken wir nicht mehr über den Gegenstand nach, sondern darüber, welches Denken notwendig ist, um den Gegenstand zu erforschen. Die Farbe Blau symbolisiert die große Übersicht, denn der Himmel überspannt alles. Außerdem verbindet man die Farbe Blau mit »Abstand haben«, »besonnen sein« und »alles unter Kontrolle haben«.

Der Dirigent eines Orchesters läßt erst die Streicher einsetzen und dann die Bläser. Der Dirigent hat die Leitung. Der Dirigent trägt den blauen Hut. Was der Dirigent für das Orchester leistet, leistet der blaue Hut für das Denken.

Wenn wir den blauen Denk-Hut tragen, sagen wir uns selbst – oder anderen –, welchen der anderen fünf Hüte wir aufsetzen sollen. Wenn das Denken ein formalisiertes Verfahren sein soll, dann ist der blaue Hut der Chef des Protokolls.

Computer folgen ihrem Programm, das ihnen Schritt für Schritt vorschreibt, was sie zu tun haben. Der blaue Hut ist der Programmierhut für das menschliche Denken.

Wenn wir den blauen Hut tragen, können wir einen Denkplan aufstellen, in dem die Abfolge der einzelnen Schritte detailliert festgelegt wird. Wir können den blauen Hut auch einsetzen, wenn wir unsere Anweisungen der jeweiligen Situation entsprechend geben wollen. Die verschiedenen Ballettschritte müssen von einem Choreographen zu einer Folge zusammengestellt werden. Den blauen Hut tragen wir, wenn wir eine Denk-Choreographie entwerfen wollen.

Die Vorstellung eines formalisierten, strukturierten Denkprozesses ist neu gegenüber der Vorstellung, das Denken sei eine frei fließende Diskussion ohne Gesamtstruktur.

– »Mein Blaues-Hut-Denken sagt mir ganz entschieden, daß wir an diesem Punkt nach Alternativen suchen sollten.«

– »Wir haben nicht viel Zeit, die Sache zu durchdenken, folglich müssen wir unsere Zeit effektiv einsetzen. Könnte jemand für unsere Überlegungen eine Blaue-Hut-Struktur vorschlagen?«

– »Wir sind bis jetzt nicht weitergekommen. Ich setze meinen blauen Hut auf und schlage vor, daß wir ein wenig Rotes-Hut-Denken praktizieren, um die Atmosphäre zu klären. Was fühlen wir denn bei diesem Vorschlag, die Überstunden zu verringern?«

Denker schweifen oft vom Thema ab, schwafeln und reagieren auf das, was sich gerade abspielt. Zwar liegt ihrem Denken eine vage Absicht zugrunde, aber diese wird niemals als übergreifende Zielvorstellung oder als Folge von Zwischenzielen artikuliert. Vorschläge, Einschätzungen, Kritik, Information und schiere Emotion werden in einen Topf geworfen und ergeben eine Art »Denk-Eintopf«. Irgendwie wird »herumgebastelt«, bis ein Denker über eine bereits erprobte Methode stolpert, die geeignet erscheint, das gewünschte Resultat zu erzielen. Es ist ein planloses Durchsuchen der Erfahrung, in großem Maße geleitet von negativer Kritik. Dem Ganzen liegt die Annahme zugrunde, daß einigermaßen intelligente Leute, die über ausreichende Hintergrundinformationen verfügen, im Laufe einer Diskussion schon die Handlungsmöglichkeiten auflisten und die angemessenste auswählen werden.

Außerdem herrscht der Glaube, daß das Denken durch die Erfahrungen der Vergangenheit und die Sachzwänge des Augenblicks in solch einer Weise geformt wird, daß sich ein Ergebnis »entwickelt« und dann von der Kritik »gereinigt« wird. Dieser Entwicklungsgedanke stellt eine direkte Analogie zum Darwinschen Evolutionsgedanken dar: Wie dort die geeignetsten Arten überleben, so überlebt beim Denken die geeignetste Idee. An die Stelle des harten Drucks der Umwelt tritt der harte Druck der Negativität.

Bei dieser Art des Denkens wird davon ausgegangen, daß die Mitwirkenden bereits im Besitz von Vorschlägen sind, unter denen dann die Lösung auszuwählen ist. Diese Vorschläge sind entweder das Ergebnis persönlichen Denkens oder sind etwa von »Experten« geliefert worden.

In diesem Buch geht es mir mehr um den Kartenanfertigungstyp des Denkens, bei dem zuerst das Terrain erforscht und kartographiert wird. Dann werden die möglichen Routen ausgearbeitet, und schließlich wird eine von ihnen ausgewählt.

Die an einer Denksituation Beteiligten werden für sich in Anspruch nehmen, daß sie die ganze Zeit über das anstehende Problem nachdenken – und nicht nur, wenn sie sich zu einer Diskussion niederlassen. Nun ist ja der Zweck solcher Diskussionen wirklich nicht so sehr das Denken als das Austauschen von Denkresultaten. Hier nähern wir uns wieder dem Typ der argumentierenden Debatte, die für das abendländische Denken so kennzeichnend ist.

Ich wäre nur zu glücklich, wenn ich wüßte, daß eine

Menge kartenanfertigenden Denkens stattgefunden hat, ehe die verschiedenen Ansichten formuliert werden. Das geschieht aber nur selten. Der Denker hält schnelle Ausschau nach einer auf Erfahrung und Vorurteil basierenden Ansicht und sieht dann zu, daß diese durch das Pro und Contra der Diskussion verbessert wird. Ganz typisch für dieses Vorgehen ist die traditionelle Methode des Aufsatzschreibens in der Schule. Der Schüler wird dazu angehalten, seine Schlußfolgerung in der ersten Zeile des Aufsatzes zu ziehen und dann den Aufsatz zur Untermauerung dieser Schlußfolgerung zu benutzen. Das Denken wird zur Unterstützung, nicht zur Erforschung gebraucht. Dasselbe passiert in der Politik und im Gerichtssaal: Beide Seiten haben von Anfang an ihre festen Positionen.

Das Hin und Her der Diskussion gibt dem Denken seine Dynamik. Deshalb finden es viele Menschen leichter, in einer Gruppe zu denken als für sich allein. Wenn man für sich allein denkt, braucht man viel dringender eine Blaue-Hut-Struktur.

Wenn wir uns den Kartenanfertigungstyp des Denkens zu eigen machen wollen, brauchen wir eine Struktur. Angriff und Verteidigung fallen als strukturgebende Faktoren aus. So wie ein Forscher einen Plan für sein Vorgehen benötigt, so benötigt auch der Denker irgendeine ordnende Struktur.

Eine Blaue-Hut-Struktur kann einen Plan dafür liefern, was jeweils zu geschehen hat – ähnlich einem Computerprogramm. Öfter jedoch leitet das Blaue-Hut-Denken diskussionsmäßiges Denken in ähnlicher Weise wie ein Kutscher seine Pferde – Schritt für Schritt.

– »In diesem Stadium ist Weißes-Hut-Denken angesagt.«
– »Jetzt brauchen wir ein paar Vorschläge. Das bedeutet Gelbes-Hut-Denken. Konkrete Vorschläge bitte.«
– »Halten Sie Ihr Schwarzes-Hut-Denken noch einen Augenblick zurück, denn ich bin mit den Ideen, die wir

haben, nicht zufrieden. Wir brauchen jetzt erst einmal etwas Grünes-Hut-Denken.«

In den meisten Fällen wird es darum gehen, in eine laufende Diskussion des traditionellen Typs gelegentlich einen Denk-Hut einzuschalten.

– »Ich möchte, daß jeder von Ihnen zu diesem Punkt sein Rotes-Hut-Denken beisteuert. Sie erinnern sich, wenn Sie den roten Hut aufhaben, dann dürfen Sie Ihre Emotionen und Gefühle äußern, ohne sie in irgendeiner Weise rechtfertigen zu müssen.«

– »Sie mögen es nicht wissen, aber Sie haben Schwarzes-Hut-Denken angewandt, das heißt negative Beurteilung. Sie haben uns gesagt, warum es nicht gehen wird. Jetzt möchte ich aber, daß Sie für ein paar Augenblicke zum Gelben-Hut-Denken übergehen. Dabei geht es um eine positive Einschätzung.«

– »Ich will jetzt nicht Ihre Meinungen oder Ihre Vorschläge hören. Ich möchte jetzt reines Weißes-Hut-Denken haben: Fakten und Zahlen ohne Interpretation.«

– »Ich glaube, wir brauchen eine Pause und ein wenig Blaues-Hut-Denken. Vergessen Sie mal eben, worüber wir reden. Wie sollten wir unser Denken organisieren?«

Es sollte festgehalten werden, daß sich das Blaue-Hut-Denken nicht darauf beschränkt, den Einsatz der anderen Hüte zu planen. Mit seiner Hilfe können auch andere Denkaktivitäten geordnet werden – so beispielsweise das Aufstellen von Prioritäten oder das Auflisten von Einschränkungen. Blaues-Hut-Denken kann auch eingesetzt werden, um die Anwendung der verschiedenen CoRT-Hilfsmittel wie etwa das PMI zu organisieren.

43. Kapitel
Blaues-Hut-Denken
Konzentration auf das Wesentliche

Die richtigen Fragen stellen
Das Problem definieren
Die Denkaufgaben stellen

Eine der wichtigsten Aufgaben des Blauen-Hut-Denkens ist das Hinlenken auf das Wesentliche. Der Unterschied zwischen einem guten und einem schlechten Denker liegt oft in der Fähigkeit, das Wesentliche ins Auge zu fassen. Worüber sollte nachgedacht werden? Es reicht nicht aus, sich über den Zweck des Denkens nur in groben Umrissen im klaren zu sein.

- »Wir wollen uns darauf konzentrieren, eine Reihe von möglichen Gegenmaßnahmen vorzubereiten, falls die Konkurrenz die Preise senkt.«
- »Lenken wir unsere Aufmerksamkeit darauf, was jeder von uns von diesem Urlaub erwartet.«
- »Regenschirme und Reklame. Ich möchte kreative Ideen zu der Frage, wie man gewöhnliche Regenschirme für Reklamezwecke einsetzen kann.«
- »Wie können wir zufriedene Gäste dazu bewegen, daß sie ihren Freunden unser Hotel empfehlen? Das ist die spezielle Problemstellung.«
- »Unser Hauptaugenmerk gilt neuen Marktsegmenten für den Absatz unserer Fast-Food-Produkte. Ein Neben-

aspekt ist, alte Leute dazu zu bringen, unsere Einrichtungen außerhalb der Stoßzeiten zu frequentieren.«

Eine Problemstellung kann weit oder eng gefaßt sein. Innerhalb eines Hauptproblems kann es eine Reihe von Einzelproblemen geben. Wichtig dabei ist, daß das ins Auge gefaßte Problem *präzise* definiert wird. Eine solche Definition ist die spezifische Aufgabe des Blauen-Hut-Denkens. Es dient ebenfalls der Überwachung, um jedes Abweichen von der gestellten Aufgabe zu verhindern. Zeit, die darauf verwendet wird, über das Denken nachzudenken, ist niemals verlorene Zeit.

– »Ich setze meinen blauen Hut auf, um zu sagen, daß wir sehr weit von dem abgewichen sind, worüber wir ursprünglich nachdenken wollten. Wir haben eine Menge interessanter Ideen vorliegen, aber keine von ihnen ist für unsere anfängliche Fragestellung relevant. Wir müssen die alte Spur wiederaufnehmen. Noch irgendwelche Blaue-Hut-Kommentare?«

– »Setzen Sie Ihre blauen Hüte auf, und sagen Sie, ob wir irgendwie vorankommen.«

Die einfachste Methode, das Denken auf etwas zu lenken, ist das Fragen. Es wird oft gesagt, das wichtigste beim Denken sei, die richtigen Fragen zu stellen. Leider ist es viel einfacher, die richtige Frage im nachhinein zu stellen – nachdem die Antwort gegeben worden ist. Trotzdem ist das sorgfältige und präzise Formulieren einer Frage eine wichtige Aufgabe des Blauen-Hut-Denkens.

Beim CoRT-Denkunterricht werden die Fragen in zwei Kategorien aufgeteilt. Da gibt es die *fischende Frage,* die sondierend ist (so als ob man einen Köder am Haken auswirft, aber nicht genau weiß, was man damit angeln wird). Dann gibt es die *schießende Frage,* die gestellt wird, um einen Punkt zu klären, und die ein direktes Ja oder Nein zur Antwort hat (so als ob man auf einen Gegenstand zielt und trifft oder nicht trifft).

- »Die Frage ist nicht so sehr, wie wir vorgehen, sondern wann wir handeln. Das Timing ist ausschlaggebend. Welche Faktoren sollten wir beim Timing bedenken?«
- »Die Frage ist, ob der Versicherungskunde die Steuervorteile wirklich gesehen hat oder ob sie unseren Agenten nur als Verkaufsargument dienten.«

Ein Problem ist in Wirklichkeit nur eine bestimmte Art von Frage: Wie erreichen wir das? Die Definition des Problems ist wichtig, damit die Lösung nicht irrelevant oder unnötig schwerfällig ausfällt. Ist dies das eigentliche Problem? Warum wollen wir dieses Problem lösen? Welches Problem liegt dem zugrunde?

- »Das kalte Wetter ist nicht wirklich das Problem. Das Problem ist, wie die Leute die Kälte empfinden. Und das können wir ändern.«
- »Das Problem ist nicht, daß wir keinen Schnee haben, sondern daß man bei uns nicht skilaufen kann. Folglich bringen wir die Leute in Bussen dahin, wo Schnee liegt.«

Dem Blauen-Hut-Denker fällt auch die Aufgabe zu, spezielle Denkaufgaben zu stellen. Das ist um so wichtiger, wenn jemand für sich allein denkt.

- »Legen Sie den Zweck dieses Zusammentreffens dar. Welche Art von Ergebnis erschiene uns positiv?«
- »Beginnen Sie damit, daß Sie festhalten, in welchen Bereichen die beiden Parteien übereinstimmen.«
- »Die Denkaufgabe ist, herauszufinden, wie wir die Frage hier und jetzt entscheiden können.«
- »Zählen Sie vier ›ideenempfindliche Gebiete‹ auf, die etwas mit Schulerziehung zu tun haben.«
- »Geben Sie Ihr Schwarzes-Hut-Urteil zu unserer laufenden Werbekampagne ab.«

Eine Denkaufgabe kann »mundgerecht« oder umfangreich sein. Sie kann ein bestimmtes Ergebnis fordern oder einen Input auf einem bestimmten Gebiet.

- »Ich möchte nur ein paar sondierende Gedanken zu dieser Sache mit dem Einkaufen per Fernseher.«
- »Wie können wir herausfinden, ob Ihre Strategie Erfolg hatte?«
- »Warum fällt es uns schwer, zwischen diesen Alternativen zu entscheiden?«

Wenn eine Denkaufgabe nicht durchgeführt werden kann, muß das festgehalten werden.

- »Wir haben keine Erklärung für diesen zunehmenden Verzehr von Süßigkeiten gefunden. Wir müssen später noch einmal darauf zurückkommen und versuchen, ob wir nicht ein paar nachprüfbare Hypothesen aufstellen können.«
- »Uns ist nichts eingefallen, wie wir den Konsum von Lammfleisch steigern können. Vielleicht unterteilen wir den Komplex in Einzelprobleme.«

Der Blaue-Hut-Denker hält die Zielscheibe hoch und sagt: »Das ist das Ziel. Schießen Sie darauf.«

44. Kapitel
Blaues-Hut-Denken
Das Entwerfen von Programmen

Schritt für Schritt
Software für das Denken
Choreographie

Computer haben ihre Software, die ihnen in jedem einzelnen Augenblick sagt, was sie zu tun haben. Ohne Software kann ein Computer nicht arbeiten. Eine der Funktionen des Blauen-Hut-Denkens ist es, Software für das Nachdenken über einen bestimmten Gegenstand zu entwickeln. Nun sind durchaus feste Strukturen denkbar, die auf alle Situationen anwendbar sind. In einem der CoRT-Kapitel habe ich genau so eine Struktur vorgestellt, die ich PISCO (Purpose [Zweck], Input, Solutions [Lösungen], Choice [Wahl], Operation) nenne. In diesem Kapitel möchte ich individuell entwickelte Software behandeln, die für eine bestimmte Situation gedacht ist.

– »Wir fangen mit ein wenig Blauem-Hut-Denken an, um das Programm zu entwickeln, dem wir folgen wollen.«
– »Das ist eine ungewöhnliche Situation. Wo sollen wir anfangen? Worüber sollten wir nachdenken?«

Gegen Ende des vorletzten Kapitels habe ich gesagt, daß das Sechs-Hüte-Denken in den meisten Fällen in gelegentlichem Eingreifen in das normale Denken (Diskussion, Streitgespräch) besteht. Es wird den gelegentlichen

Wunsch nach einem speziellen, durch einen bestimmten Denk-Hut symbolisierten Denktypus geben. Hier möchte ich die andere Möglichkeit vorstellen, nämlich ein formales Programm, das eine Reihe von Schritten festlegt.

Es gibt den freien Ausdruckstanz (Free Dance), bei dem die Tänzer fortlaufend improvisieren, um das übergreifende Thema auszudrücken. Dann gibt es das Ballett, bei dem jeder Schritt von der Choreographie festgelegt ist. Dieser choreographische Aspekt des Blauen-Hut-Denkens interessiert mich hier. Aber ich möchte nicht, daß der Leser denkt, das Sechs-Hüte-Denken sollte immer so eingesetzt werden.

Ich möchte weiter deutlich machen – ich wiederhole mich –, daß die Programme, die der blaue Hut erstellt, noch viele andere Aspekte des Denkens enthalten können, das heißt nicht nur die sechs Hüte.

– »Wir sollten damit anfangen, daß wir alle Faktoren analysieren, die wir beim Entwerfen dieser Kollektion von Kinderkleidung in Betracht ziehen müssen.«
– »Wir sollten damit anfangen, daß wir in dieser Kontroverse die Bereiche abstecken, in denen Übereinstimmung herrscht, dann die, in denen wir nicht übereinstimmen, und schließlich die, die irrelevant sind.«

Dieses Verfahren ist als ADI (Agreement, Disagreement, Irrelevance) bekannt und gehört zu den CoRT-Methoden.

Die Programme werden je nach Situation variieren. Das Programm für die Lösung eines Problems wird anders sein als das Programm, nach dem ein Boot gebaut werden soll. Ein Verhandlungsprogramm wird nicht dasselbe sein wie ein Entscheidungsprogramm. Selbst im Bereich des Entscheidens kann sich das Programm für eine Entscheidung von dem Programm für eine andere unterscheiden. Der Blaue-Hut-Denker entwickelt für jede Situation ein individuelles Programm – so wie ein Möbeltischler anders plant, wenn er einen Stuhl oder ein Schränkchen herstellen will.

Sollte der zu behandelnde Gegenstand den Denkern sehr am Herzen liegen, dann wäre es sinnvoll, an den Anfang des Programms Rotes-Hut-Denken zu setzen. Das würde die Gefühle an den Tag bringen. Ohne das Rote-Hut-Denken könnte jeder der Beteiligten versuchen, seine Emotionen indirekt auf andere Weise auszudrücken, beispielsweise durch exzessives Schwarzes-Hut-Denken. Wenn die Emotionen erst einmal erkennbar sind, ist ihnen der Denker weniger ausgesetzt. Ja, er mag sich sogar in stärkerem Maße zur Objektivität verpflichtet fühlen.

Der nächste Schritt könnte dann Weißes-Hut-Denken sein, so daß alle relevanten Informationen vorgelegt werden können. Normalerweise ist es von Zeit zu Zeit erforderlich, noch einmal auf das Weiße-Hut-Denken zurückzugreifen, um gewisse Punkte zu überprüfen.

Anschließend wird Gelbes-Hut-Denken eingesetzt, um bereits existierende Vorschläge und Anregungen vorzubringen. Es mag dann zu einem Zusammenspiel von Blauem-Hut-Denken und Gelbem-Hut-Denken kommen, indem das Blaue-Hut-Denken Fragen stellt und Problemzonen aufzeigt. Das Weiße-Hut-Denken kann dann noch methodische Überlegungen vorbringen.

- »In der Vergangenheit haben wir in solchen Situationen immer wie folgt gehandelt ...«
- »Die traditionellen Methoden sind Ihnen allen bekannt. Trotzdem will ich sie noch einmal nennen.«

Das Blaue-Hut-Denken kann auch Bereiche ins Blickfeld rücken, in denen neue Ideen gebraucht werden. Das Grüne-Hut-Denken würde dann versuchen, solche neuen Ideen zu entwickeln. Es ist aber auch denkbar, eine förmliche Grüne-Hut-Periode anzusetzen, während derer jeder Denker eine schöpferische Pause einlegt.

- »Ich würde gerne erfahren, ob es eine einfachere Methode gibt, wie die Prämienzahlungen an den Cash-flow des jeweiligen Empfängers angepaßt werden können.«

– »Es muß noch einen besseren Weg geben, wie Bücher verkauft werden können. Ich möchte dazu den grünen Hut hören.«

An diesem Punkt würde das Blaue-Hut-Denken kurz eingreifen, um die verfügbaren Vorschläge in eine Ordnung zu bringen. Es könnte die Vorschläge etwa bestimmten Kategorien zuordnen: Vorschläge, die individuell beurteilt, Vorschläge, die noch genauer ausgearbeitet, und Vorschläge, die einfach nur festgehalten werden müssen.

Eine Mischung von Weißem-, Gelbem- und Grünem-Hut-Denken könnte dann die Vorschläge weiterentwickeln. Das wäre die konstruktive Denkphase. Anschließend gibt das Gelbe-Hut-Denken eine positive Beurteilung aller der Alternativen ab, die als ernsthafte Möglichkeiten ins Auge gefaßt werden.

Jetzt wird Schwarzes-Hut-Denken eingesetzt, um die Vorschläge zu überprüfen und auszusieben. Es zeigt auf, welche der Alternativen unmöglich oder unbrauchbar sind, aber es kann auch den Wert brauchbarer Alternativen in Frage stellen.

Das Gelbe- und das Grüne-Hut-Denken versuchen nun, die vom Schwarzen-Hut-Denken vorgebrachten Einwände zu entkräften: Fehler müssen korrigiert, Schwächen ausgemerzt und Probleme gelöst werden.

Dem folgt eine weitere Schwarze-Hut-Überprüfung, um auf Risiken, Gefahren und Defizite hinzuweisen.

Nun wäre wieder das Blaue-Hut-Denken an der Reihe, das einen Überblick über das bisher Erreichte gibt und eine Strategie für die »Wahl der Route« entwirft.

Das ihm folgende Rote-Hut-Denken ermöglicht den Denkern, ihre gefühlsmäßige Einstellung zu den vorhandenen Möglichkeiten zu verbalisieren.

Das nun folgende Auswahlverfahren ist eine Mischung aus Gelbem- und Schwarzem-Hut-Denken. Gesucht wird die Alternative, die den Bedürfnissen am besten entspricht.

Abschließend entwickelt Blaues-Hut-Denken eine Strategie, wie über die Durchführung nachgedacht werden soll.

Diese Abfolge mag recht komplex erscheinen, aber in der Praxis ist der Übergang von einem Idiom zum anderen reibungslos und natürlich – so wie das Schalten beim Autofahren.

Im Falle eines festgelegten Programms müssen die Teilnehmer am Denkprozeß unbedingt darauf vorbereitet werden. Wenn ein Denker weiß, daß in Kürze eine Schwarze-Hut-Periode an der Reihe ist, wird er seine Schwarzen-Hut-Einwürfe eher zurückhalten können, da er nicht befürchten muß, daß sein Einwand übergangen wird.

Es sollte nicht vergessen werden, daß das meiste Denken eine Mischung aus schwarzen und weißen Hüten ist, mit unausgesprochenen Rote-Hut-Emotionen im Hintergrund.

– »Das ist es, was wir bei einem solchen Anlaß tun müssen.«

– »Das ist der Grund, warum das, was Sie vorschlagen, nicht realisierbar ist.«

Das Blaue-Hut-Programm kann von demjenigen vorher festgelegt werden, der die Denk-Sitzung leitet, oder es kann von allen, die daran teilnehmen, mittels ihres Blauen-Hut-Denkens entwickelt werden.

45. Kapitel
Blaues-Hut-Denken
Zusammenfassungen und Schlußfolgerungen

Beobachtung und Überblick
Kommentar
Zusammenfassungen, Schlußfolgerungen,
Einbringen der Ernte, Berichte

Der Blaue-Hut-Denker schaut dem stattfindenden Denken zu. Er ist der Choreograph, der die Bewegungen entwirft, aber er ist auch der Kritiker, der das Geschehen beobachtet. Der Blaue-Hut-Denker fährt nicht selbst das Auto die Straße entlang, sondern beobachtet den Fahrer. Er zeichnet außerdem die Route auf, die der Fahrer nimmt.

Der Blaue-Hut-Denker kann seine Beobachtungen kommentieren.

– »Wir verwenden zuviel Zeit darauf, über diesen Punkt zu diskutieren. Halten wir ihn einfach als strittigen Punkt fest.«

– »Wir zerbrechen uns über die Kosten dieser Unternehmung den Kopf, aber wir sind uns noch nicht im klaren darüber, ob sie überhaupt etwas einbringt. Das müßten wir doch wohl zuerst bedenken.«

– »David, Sie versuchen dauernd, diese eine Idee durchzusetzen. Wir haben sie als durchaus bedenkenswerte Möglichkeit notiert und werden sie später prüfen. Aber ich denke, wir sollten erst versuchen, Alternativen zu finden.

Das hier soll der Erkundung dienen und ist kein Streitgespräch.«

Von Zeit zu Zeit liefert der Blaue-Hut-Denker einen Überblick über das bereits Geschehene und Erreichte. Er ist derjenige, der die Weichen stellt und die Alternativen auflistet.

– »Wir wollen einmal zusammenfassen, was wir bisher erreicht haben.«
– »Ich gehe jetzt einmal die wichtigsten der von uns diskutierten Punkte durch. Wenn jemand mit meiner Zusammenfassung nicht einverstanden ist, möge er es bitte sagen.«

Es ist die Aufgabe des Blauen-Hut-Denkers, eine scheinbar chaotische Diskussion in eine Form zu bringen.

Obwohl ich vom Blauen-Hut-Denker als von einer einzigen Person spreche, ist es immer möglich, daß diese Blauen-Hut-Aufgaben von allen Gruppenmitgliedern übernommen werden. In der Tat kann ein Blauer-Hut-Denker jeden anderen auffordern, den blauen Hut aufzusetzen und die Aufgaben zu übernehmen.

– »Ich schlage vor, wir halten hier inne. Ich schlage vor, daß wir alle unsere blauen Hüte aufsetzen und daß jeder während der nächsten Minuten zusammenfaßt, was wir seiner Meinung nach bisher erreicht haben.«
– »Gehen wir an den Tisch. Setzen Sie Ihre blauen Hüte auf, und sagen Sie mir, wie weit wir gekommen sind.«

Der Blaue-Hut-Denker hält aber nicht nur von Zeit zu Zeit die Zwischenergebnisse fest, sondern ihm fällt auch die Aufgabe zu, die endgültigen Schlußfolgerungen zusammenzufassen.

– »Ich habe jetzt den blauen Hut auf, und mir scheint, unsere Schlußfolgerungen sehen folgendermaßen aus ...«
– »Sind wir alle der Meinung, daß wir zu diesen Schlußfolgerungen gelangt sind?«

Es ist die Aufgabe des Blauen-Hut-Denkers, die endgültige

Zusammenfassung zu liefern und den Bericht vorzubereiten – was nicht heißt, daß dies nur einer Person obliegt (obwohl das so sein kann). Es heißt vielmehr: Jeder Denker schlüpft in seine Blaue-Hut-Rolle, um sich genau und objektiv zu den Denkergebnissen zu äußern.

Eine der Blauen-Hut-Funktionen ist es, mit fotografischer Genauigkeit die Denkprozesse und Denkergebnisse zu beobachten und festzuhalten.

46. Kapitel
Blaues-Hut-Denken
Leitung und Überwachung

Der Vorsitzende
Disziplin und Konzentration auf das Wesentliche
Wer ist verantwortlich?

Normalerweise hat derjenige, der bei einem Gespräch den Vorsitz führt, automatisch eine Blaue-Hut-Funktion. Er sorgt für Ordnung und dafür, daß die Tagesordnung eingehalten wird.

Es ist natürlich möglich, auch einem anderen als dem Vorsitzenden eine spezifische Blaue-Hut-Rolle zuzuteilen. Dieser Blaue-Hut-Denker hat dann die Aufgabe, das Denken innerhalb des vom Vorsitzenden vorgegebenen Rahmens zu überwachen. Es kann ja durchaus sein, daß der Vorsitzende in der Überwachung eines Denkablaufs nicht besonders geübt ist.

Ich möchte noch einmal betonen, daß *jeder* in einer Gesprächsrunde eine Blaue-Hut-Funktion ausüben kann.

- »Ich greife nach meinem blauen Denk-Hut, um zu sagen, daß Frau Brauns Bemerkungen an dieser Stelle unangebracht sind.«

- »Ich setze jetzt meinen blauen Denk-Hut auf, um zu sagen, daß wir meiner Meinung nach vom eigentlichen Problem abschweifen.«

- »Mein Blaues-Hut-Denken sagt mir, daß wir diesen

Punkt zum Schlüsselproblem erklären und früher oder später versuchen sollten, das Problem in Angriff zu nehmen.«

Blaues-Hut-Denken sorgt dafür, daß die Spielregeln eingehalten werden, daß Disziplin herrscht.

- »Dies ist Rotes-Hut-Denken. Wir wollen wissen, was Sie fühlen, nicht warum Sie etwas fühlen.«
- »Tut mir leid, aber das ist eindeutig Schwarzes-Hut-Denken und gehört hier nicht her.«
- »So können Sie beim Grünen-Hut-Denken nicht mit einer Idee verfahren. Es geht um Bewegung, nicht um Beurteilung.«
- »Soll das wirklich Weiße-Hut-Information sein? Es klingt mehr wie Rote-Hut-Gefühle.«
- »Der Blauen-Hut-Rolle kommt es zu, die Denkergebnisse zusammenzufassen, nicht aber, sich für eine der Alternativen einzusetzen.«

In der Praxis überschneiden sich die verschiedenen Hüte recht häufig, und man braucht da nicht zu pedantisch zu sein. Gelbes-Hut-Denken und Grünes-Hut-Denken überschneiden sich sehr oft. Weißes-Hut-Denken und Rotes-Hut-Denken können sich überschneiden, weil Fakten und Meinungen häufig vermischt werden.

Es ist auch nicht praktisch, bei jeder Bemerkung, die geäußert wird, den Hut zu wechseln.

Wichtig dagegen ist, daß bei Vorgabe eines genau bezeichneten Denkmodus die Denker auch eine *bewußte Anstrengung* unternehmen sollten, auf diese Weise zu denken. Wenn es Gelbes-Hut-Denken sein soll, dann *muß* es das auch sein.

Wenn kein spezieller Hut gewünscht worden ist, dann muß auch nicht jede Bemerkung unter den einen oder anderen Hut passen. Es ist auch in Ordnung, wenn jemand, der eine verfahrenstechnische Bemerkung einschiebt, nicht förmlich darauf hinweist, daß er den blauen Hut trägt.

Andererseits ist es sehr wichtig, die Hüte von Zeit zu Zeit förmlich zu benennen. Die Annahme, aus der Bemerkung werde schon hervorgehen, um welche Art Hut es sich handelt, ist oft nicht ausreichend – entscheidend ist die Disziplin, die der Versuch erfordert, einem bestimmten Denkmodus zu folgen. Sonst landen wir wieder beim Schwafeln und Streiten.

Eine der wichtigsten Aufgaben der Blauen-Hut-Kontrolle besteht darin, Diskussionen abzubrechen.

– »Ich glaube, der gestiegene Absatz von Puterfleisch ist auf ein größeres Gesundheitsbewußtsein zurückzuführen.«

– »Ich glaube, der Grund sind einfach die gesunkenen Preise.«

An dieser Stelle könnte der Blaue-Hut-Denker fragen, ob es irgendeine Weiße-Hut-Information gibt, die die Streitfrage entscheidet.

– »Da wir die Frage nicht klären können, sollten wir festhalten, daß zwei Erklärungen für diesen Trend vorliegen. Wir brauchen nicht zu entscheiden, welche die richtige ist.«

Folglich werden beide Antworten in die Denkkarte eingetragen. In diesem speziellen Fall mögen sie beide richtig sein. In anderen Fällen können die beiden Ansichten miteinander unvereinbar sein. Trotzdem sollten beide festgehalten werden – diskutiert werden können sie später.

– »Wir können jetzt auf den strittigen Punkt zurückkommen, den wir vorher nicht klären konnten. Würde man das für einen Wucherpreis halten? Konzentrieren wir uns einmal nur auf diese Frage.«

– »Herr Jones meint, daß Urlaubsreisen zu Festpreisen dem Absatz zugute kommen werden. Herr Adams glaubt das nicht und befürchtet, daß diese sich als sehr teuer herausstellen könnten. Wir wollen eine Weile darüber nachdenken. Was kann uns das Weiße-Hut-Denken dazu

sagen? Wenn wir in den letzten Jahren eine solche Preis-
garantie gehabt hätten, was würde sie uns gekostet haben?«

Eine sehr wirkungsvolle Methode, mit gegensätzlichen Ansichten umzugehen, ist, anzunehmen, daß jede *unter gewissen Umständen* richtig ist.

– »Unter welchen Umständen hätte Herr Jones recht? Unter welchen Umständen hätte Herr Adams recht?«

Schnell wird erkannt, daß beide Seiten recht haben. Der
nächste Schritt ist, herauszufinden, welche der genannten
Umstände der eigenen Situation am meisten ähneln. Dieselbe Methode bietet sich bei der Beurteilung von Ideen an,
wenn danach gefragt wird, wo diese am besten unterge-
bracht wären.

– »Dieses Produkt wäre großartig für eine größere Firma
  mit Marktdominanz. Das andere Produkt wäre für eine
  kleine Firma passend, die versucht, sich eine Marktni-
  sche zu erobern. Nun, zu welcher Sorte gehören wir?«

Zu Zeiten muß der Blaue-Hut-Denker sehr unverblümt
vorgehen.

– »Wir scheinen uns bei dieser strittigen Frage festgefahren zu haben. Wir werden beide Ansichten festhalten
  und später auf sie zurückkommen.«

– »Wir benutzen die Karten-Methode und nicht die Argu-
  mentier-Methode. Wenn Sie anderer Ansicht sind, nehmen Sie das zur Kenntnis, aber versuchen Sie nicht, nachzuweisen, daß Sie recht haben und der andere nicht.«

– »Sie haben sich beide äußern können. Alles weitere führt
  zur Auseinandersetzung, und dazu sind wir nicht hier.«

– »Würden Sie bitte aufhören, sich zu streiten?«

– »Ich möchte, daß jeder von Ihnen der Ansicht des anderen ein wenig Gelbes-Hut-Denken widmet. Das sollte
  dem Streit ein Ende machen.«

Die Formalisierung des blauen Hutes gestattet es dem
Denker, viel direkter zu sein, als es ihm sonst möglich wäre.

47. Kapitel
Zusammenfassung des Blauen-Hut-Denkens

Der blaue Hut ist der Kontrollhut. Der Blaue-Hut-Denker organisiert das Denken selbst. Blaues-Hut-Denken denkt über das Denken nach, das nötig ist, um einen Gegenstand zu erkunden.

Der Blaue-Hut-Denker ähnelt dem Dirigenten eines Orchesters. Er fordert den Einsatz der anderen Hüte.

Der Blaue-Hut-Denker definiert die Gegenstände, auf die sich das Denken richten soll. Blaues-Hut-Denken stellt den Blickwinkel ein. Es definiert die Probleme und stellt die Fragen. Das Blaue-Hut-Denken stellt dem Denken die Aufgaben, die gelöst werden sollen.

Das Blaue-Hut-Denken ist verantwortlich für Zusammenfassungen, Überblicke und Schlußfolgerungen. Diese können im Verlauf des Denkens von Zeit zu Zeit oder auch an dessen Ende erstellt werden.

Das Blaue-Hut-Denken überwacht das Denken und sorgt dafür, daß die Spielregeln eingehalten werden. Es beendet Diskussionen und besteht auf dem Kartenanfertigungstyp des Denkens. Blaues-Hut-Denken sorgt dafür, daß man sich der Disziplin unterwirft.

Das Blaue-Hut-Denken kann für gelegentliche Einwürfe benutzt werden, die einen Hut erforderlich machen. Blaues-Hut-Denken kann ebenfalls benutzt werden, um eine bis ins einzelne gehende Abfolge von Denkvorgängen festzulegen, die so verbindlich ist wie eine Choreographie für den Tänzer.

Selbst wenn die spezifische Blaue-Hut-Rolle einer einzigen Person übertragen ist, steht es jedermann frei, Blaue-Hut-Kommentare und -Vorschläge vorzubringen.

Schluß

Der größte Feind des Denkens ist Komplexität, denn diese stiftet nur Verwirrung. Wenn das Denken klar und einfach ist, macht es mehr Spaß und ist effektiver. Die Idee mit den sechs Denk-Hüten ist sehr leicht zu verstehen. Sie ist auch leicht anzuwenden.

Die Idee verfolgt einen doppelten Zweck.

Zum einen geht es darum, das Denken zu vereinfachen und es dem Denker zu ermöglichen, sich jeweils nur mit einer Sache zu beschäftigen. Anstatt sich gleichzeitig mit Emotion, Logik, Information, Hoffnung und Kreativität auseinandersetzen zu müssen, kann sich der Denker auf eine Sache konzentrieren. Anstatt seine kaum verschleierten Emotionen logisch begründen zu müssen, kann der Denker mit Hilfe des roten Denk-Hutes seine Emotionen offen zeigen, ohne sie rechtfertigen zu müssen. Der schwarze Denk-Hut kann sich dann um den logischen Aspekt kümmern.

Zum anderen erlauben die sechs Denk-Hüte ein *Umspringen* im Denken. Wenn sich jemand in einer Gesprächsrunde ständig negativ äußert, kann man ihn auffordern, seinen schwarzen Denk-Hut abzusetzen. Das signalisiert dieser Person, daß sie sich fortwährend negativ äußert. Man kann die betreffende Person auch bitten, den gelben Denk-Hut aufzusetzen. Das ist dann eine direkte Aufforderung, positiv zu sein. Auf diese Weise stellen die sechs Hüte ein Idiom bereit, das bestimmt ist, ohne beleidigend zu sein. Es ist äußerst wichtig, daß das Idiom nicht das Ego oder die Persönlichkeit eines Menschen bedroht. Indem sich die Denk-Hüte aber als Spiel, genauer als Rollenspiel, darbieten, wird es möglich, zu einer bestimmten Art des Denkens aufzufordern. Die Hüte dienen dazu als eine Art »Kurzschrift«.

Ich schlage hier nicht vor, daß wir bei unserem Denken fortwährend den einen oder anderen Denk-Hut tragen sollten. Das ist völlig unnötig.

Gelegentlich möchten wir vielleicht die Hüte in einer förmlichen, gegliederten Abfolge durchlaufen – in solchen Fällen muß die Gliederung vorher offengelegt werden. Häufiger jedoch werden wir wohl im Laufe einer Diskussion den einen oder anderen Hut mit einer gewissen Förmlichkeit aufsetzen wollen. Vielleicht werden wir auch jemand anderen in der Runde bitten wollen, einen bestimmten Hut aufzusetzen. Zu Anfang mag das ein bißchen schwierig sein, aber mit der Zeit wird eine solche Bitte als ganz normal angesehen werden.

Es liegt auf der Hand, daß dieses Idiom am nützlichsten ist, wenn alle Mitarbeiter in einem Betrieb die Spielregeln kennen. Beispielsweise sollten sich alle, die regelmäßig zusammenkommen, um Dinge zu besprechen, die Bedeutung der verschiedenen Hüte zu eigen machen. Die Idee funktioniert am besten, wenn alle dieselbe Sprache sprechen.

Zusammenfassungen
Die Methode der sechs Denk-Hüte

Der Zweck der sechs Denk-Hüte ist, das Denken zu entwirren, so daß ein Denker sich auf jeweils nur eine Denkweise konzentrieren kann, anstatt versuchen zu müssen, alles auf einmal zu bewältigen. Die beste Analogie ist der Mehrfarbendruck: Jede Farbe wird über die andere gedruckt, bis am Ende ein mehrfarbiges Bild entstanden ist.

Die Methode der sechs Denk-Hüte ist darauf angelegt, das Denken von dem üblichen Argumentationsstil weg zu einem Kartenanfertigungsdenken hinzuführen. Der Denkprozeß gliedert sich dabei in zwei Phasen: In der ersten Phase wird die Karte angefertigt, in der zweiten wird auf der Karte die Route festgelegt. Wenn die Karte gut genug ist, dürfte die beste Route oft klar auf der Hand liegen. Gemäß der Farbdruckanalogie trägt jeder der sechs Hüte seine Denkweise auf die Karte auf.

Ich behaupte hier nicht, daß die sechs Hüte jeden nur möglichen Aspekt des Denkens erfassen, aber sie decken doch die hauptsächlichen Denkweisen ab. Es soll auch nicht heißen, daß wir, wann immer wir denken, einen der Hüte tragen sollten.

Der größte Wert der Hüte liegt in eben ihrer Künstlichkeit. Sie schaffen einen förmlichen Rahmen, der es einem erleichtert, andere oder auch sich selbst aufzufordern, auf eine bestimmte Weise zu denken. Sie stellen Spielregeln für das »Denken« genannte Spiel auf. Jeder, der dieses Spiel spielt, kennt auch die Regeln.

Je mehr die Hüte eingesetzt werden, desto eher werden sie Teil der Denkkultur werden. Alle Angehörigen eines Betriebes oder einer Organisation sollten das grundlegende Idiom lernen, so daß es Teil der Kultur werden kann. Konzentriertes Denken wird dadurch viel effektiver. Anstatt Zeit mit Argumentieren oder abschweifenden Diskussionen zu vergeuden, wird jeder einzelne zupackend und diszipliniert ans Werk gehen.

Zu Anfang hat man vielleicht gewisse Schwierigkeiten mit den verschiedenen Hüten, aber das geht schnell vorüber, sobald sich die Zweckmäßigkeit des Systems zeigt. Die ersten Versuche mit den Hüten werden natürlich darin bestehen, daß man gelegentlich jemanden bittet, einen bestimmten Hut aufzusetzen oder ihn gegen einen anderen einzutauschen.

Wie ich am Anfang des Buches schrieb, liegt der große Wert der Hüte darin, daß sie »Denk-Rollen« bereithalten. Ein Denker kann seinen Stolz darein setzen, jede dieser Rollen spielen zu können. Ohne die Formalisierung durch die Hüte würden einige Denker ständig einer einzigen Denkweise verhaftet bleiben (normalerweise dem Schwarzen-Hut-Denken).

Ich betone noch einmal, daß das System sehr leicht zu handhaben ist. Es ist nicht nötig, daß der Leser versucht, alle Einzelheiten dessen im Kopf zu behalten, was ich auf diesen Seiten ausgeführt habe. Das Wesentliche jedes Hutes kann sich jeder leicht merken.

– Weißer Hut: reines Weiß, bloße Fakten, Zahlen und Informationen.

- Roter Hut: rot sehen, Emotionen und Gefühle, Ahnung und Intuition.
- Schwarzer Hut: Advocatus Diaboli, negatives Urteil, warum es nicht gehen wird.
- Gelber Hut: Sonnenschein, Helligkeit und Optimismus, positiv, konstruktiv, Gelegenheit.
- Grüner Hut: fruchtbar, kreativ, aus Samenkörnern sprießende Pflanzen, Bewegung, Provokation.
- Blauer Hut: Abstand und Kontrolle, Dirigent, Nachdenken über das Denken.

Je mehr Mitarbeiter einer Organisation das Idiom lernen, desto brauchbarer wird es. Es ist leider so, daß wir kein einfaches sprachliches Kontrollsystem für unser Denken besitzen.

Wenn wir meinen, wir seien intelligent genug, um ohne solch ein System auszukommen, dann sollten wir in Betracht ziehen, daß unsere Intelligenz, auf die wir so stolz sind, durch ein solches System noch effektiver wird. Ein Mensch mit Talent fürs Laufen wird noch mehr als andere aus einer gewissen Disziplin Nutzen ziehen.

- »An dieser Stelle möchte ich eine Gelbe-Hut-Bemerkung machen. Probieren Sie es selbst aus.«

Zur Erleichterung führe ich auf den folgenden Seiten die Zusammenfassungen der sechs Denk-Hüte noch einmal auf.

Zusammenfassung des Weißen-Hut-Denkens

Stellen Sie sich einen Computer vor, der die Fakten und Zahlen liefert, nach denen er gefragt worden ist. Der Computer ist neutral und objektiv. Er bietet weder Interpretationen noch Meinungen an. Wenn der Denker den weißen Denk-Hut trägt, sollte er einen Computer nachahmen.

Derjenige, der die Information wünscht, sollte präzise

fragen, um die Information zu erhalten oder um Informationslücken ausfüllen zu können.

In der Praxis besteht ein zweistufiges Informationssystem: Auf der ersten Stufe stehen die überprüften und bewiesenen Fakten – Fakten ersten Ranges; auf der zweiten Stufe stehen die Fakten, die für wahr gehalten werden, die aber noch nicht vollständig geprüft worden sind – zweitrangige Fakten also.

Es gibt eine Wahrscheinlichkeitsskala, die von »immer richtig« bis »niemals richtig« reicht. Dazwischen liegen brauchbare Abstufungen wie »im großen und ganzen«, »manchmal« und »gelegentlich«. Informationen dieser Art können unter dem weißen Hut gegeben werden, vorausgesetzt, es wird eine angemessene Formulierung benutzt, um den Wahrscheinlichkeitsgrad zu kennzeichnen.

Weißes-Hut-Denken ist zugleich eine Disziplin und eine Richtung. Der Denker strebt danach, immer neutraler und objektiver bei der Informationsübermittlung vorzugehen. Entweder können Sie aufgefordert werden, den weißen Denk-Hut aufzusetzen, oder Sie können Ihrerseits jemanden dazu auffordern, das zu tun – Sie können aber auch selbst beschließen, ihn auf- oder abzusetzen.

Weiß (als Abwesenheit von Farbe) deutet auf Neutralität hin.

Zusammenfassung des Roten-Hut-Denkens

Das Tragen des roten Hutes erlaubt es dem Denker, zu sagen: »So empfinde ich bei dieser Sache.«

Der rote Hut legitimiert Emotionen und Gefühle als wichtigen Teil des Denkens.

Der rote Hut macht Gefühle sichtbar, so daß sie ebenso Teil der Denkkarte werden wie auch Teil des Wertsystems, das die Route auf der Karte bestimmt.

Der rote Hut gibt dem Denken eine praktikable Methode an die Hand, die emotionale Ebene schnell zu betreten und wieder zu verlassen. Ohne dieses Hilfsmittel wäre das so nicht möglich.

Der rote Hut erlaubt dem Denker, die Gefühle anderer zu erkunden, indem er sie nach ihrer Roten-Hut-Ansicht fragt.

Wenn ein Denker den roten Hut benutzt, sollte er *niemals* versuchen, die Gefühle zu rechtfertigen oder einen logischen Grund für sie anzugeben.

Der rote Hut umfaßt zwei wesentliche Arten von Gefühlen: Zunächst sind da die gewöhnlichen Emotionen, wie wir sie kennen und die von den starken Emotionen wie Furcht oder Abneigung bis zu den subtileren wie etwa Mißtrauen reichen; zweitens gibt es die komplexen Urteile, die in Ahnungen, Intuitionen, Empfindungen, in Geschmack, ästhetisches Empfinden und andere Gefühle, die nicht sichtbar gerechtfertigt sind, eingehen.

Dort, wo in eine Meinung ein großes Maß solcher Gefühle miteinfließt, gehört diese auch unter den roten Hut.

Zusammenfassung des Schwarzen-Hut-Denkens

Schwarzes-Hut-Denken befaßt sich speziell mit einer negativen Beurteilung. Der Schwarze-Hut-Denker macht darauf aufmerksam, was falsch, ungenau und irrtümlich ist. Er weist darauf hin, daß etwas nicht mit den Erfahrungswerten oder mit den allgemein anerkannten Fakten in Einklang steht. Der Schwarze-Hut-Denker macht klar, warum etwas nicht gehen wird. Er weist auf Risiken und Gefahren hin. Und er weist Fehler in einem Entwurf oder Plan nach.

Schwarzes-Hut-Denken ist *kein* Argumentieren und sollte niemals so verstanden werden. Es ist ein objektiver

Versuch, die negativen Elemente auf der Karte zu verzeichnen.

Schwarzes-Hut-Denken kann eine Idee vor dem Hintergrund der Vergangenheit beurteilen, um zu sehen, wie gut sie sich in Bekanntes einfügt.

Schwarzes-Hut-Denken kann eine Idee in die Zukunft projizieren, um zu sehen, was schiefgehen kann.

Schwarzes-Hut-Denken kann negative Fragen stellen.

Schwarzes-Hut-Denken sollte *niemals* eingesetzt werden, um zügelloser Negativität Vorschub zu leisten oder negative Gefühle auszudrücken – die stehen dem roten Hut zu.

Eine positive Einschätzung bleibt dem gelben Hut überlassen. Angesichts neuer Ideen sollte der gelbe Hut immer vor dem schwarzen benutzt werden.

Zusammenfassung des Gelben-Hut-Denkens

Gelbes-Hut-Denken ist positiv und konstruktiv. Die Farbe Gelb symbolisiert Sonnenschein, Helligkeit und Optimismus.

Gelbes-Hut-Denken befaßt sich mit der positiven Beurteilung so, wie sich das Schwarze-Hut-Denken mit der negativen Beurteilung befaßt.

Gelbes-Hut-Denken umfaßt ein positives Spektrum, das vom Logischen und Praktischen bis hin zu Träumen, Visionen und Hoffnungen reicht.

Gelbes-Hut-Denken forscht nach Wert und Nutzen. Dann versucht es, diese logisch zu untermauern. Gelbes-Hut-Denken versucht, seinen Optimismus auf eine gesicherte Grundlage zu stellen, ist darauf jedoch nicht festgelegt – vorausgesetzt, die anderen Spielarten des Optimismus werden entsprechend kenntlich gemacht.

Gelbes-Hut-Denken ist konstruktiv und generativ. Von

ihm kommen konkrete Vorschläge und Anregungen. Gelbes-Hut-Denken befaßt sich mit Handlungs-Denken (»operacy«) und damit, etwas in Gang zu setzen. Das Ziel seines konstruktiven Denkens ist Effektivität.

Gelbes-Hut-Denken kann spekulativ sein und nach günstigen Gelegenheiten Ausschau halten. Es gestattet auch Visionen und Träume.

Gelbes-Hut-Denken erlaubt keine bloße Euphorie (roter Hut) und ist auch nicht direkt für das Hervorbringen neuer Ideen zuständig (grüner Hut).

Zusammenfassung des Grünen-Hut-Denkens

Der grüne Hut ist für das kreative Denken da. Derjenige, der den grünen Hut aufsetzt, wird die Redeweise des kreativen Denkens verwenden. Die Anwesenden sind aufgefordert, die Ergebnisse als kreative Ergebnisse zu behandeln. Idealerweise sollten Denker wie auch Zuhörer ihren grünen Hut tragen.

Die Farbe Grün symbolisiert Fruchtbarkeit, Wachstum und den Wert von Samenkörnern.

Die Suche nach Alternativen ist für das Grüne-Hut-Denken fundamental. Es ist notwendig, über das Bekannte und Offensichtliche und Zufriedenstellende hinauszugelangen.

Schöpferische Pause bedeutet, daß der Denker jederzeit innehalten kann, um darüber nachzudenken, ob es an diesem Punkt alternative Ideen geben könnte. Dazu bedarf es keines bestimmten Grundes.

Beim Grünen-Hut-Denken ersetzt das Idiom der Bewegung das des Urteilens. Der Denker trachtet danach, sich von einer Idee fortzubewegen, um zu einer neuen zu gelangen.

Die Provokation ist ein wichtiger Bestandteil des Grünen-Hut-Denkens und wird durch das Wort »PO« symbolisiert. Eine Provokation soll uns aus unseren normalen Denkmustern herausreißen. Es gibt viele Möglichkeiten, Provokationen auszulösen, beispielsweise die Methode des zufälligen Wortes.

Laterales Denken umfaßt eine Reihe von Haltungen, Idiomen und Techniken (u. a. Bewegung, Provokation und »PO«), mit denen Muster in einem sich selbst organisierenden asymmetrischen musterbildenden System durchbrochen werden sollen. Es wird eingesetzt, um neue Vorstellungen und Sehweisen hervorzurufen.

Zusammenfassung des Blauen-Hut-Denkens

Der blaue Hut ist der »Kontrollhut«. Der Blaue-Hut-Denker organisiert das Denken selbst. Blaues-Hut-Denken denkt über das Denken nach, das nötig ist, um einen Gegenstand zu erkunden.

Der Blaue-Hut-Denker ähnelt dem Dirigenten eines Orchesters. Der Blaue-Hut-Denker fordert den Einsatz der anderen Hüte.

Der Blaue-Hut-Denker definiert die Gegenstände, auf die sich das Denken richten soll. Blaues-Hut-Denken stellt den Blickwinkel ein. Es definiert die Probleme und stellt die Fragen. Das Blaue-Hut-Denken stellt dem Denken die Aufgaben, die gelöst werden sollen.

Das Blaue-Hut-Denken ist verantwortlich für Zusammenfassungen, Überblicke und Schlußfolgerungen. Diese können im Verlauf des Denkens von Zeit zu Zeit oder auch an dessen Ende erstellt werden.

Das Blaue-Hut-Denken überwacht das Denken und sorgt dafür, daß die Spielregeln eingehalten werden. Es beendet Diskussionen und besteht auf dem Kartenanfertigungstyp des Denkens. Blaues-Hut-Denken sorgt dafür, daß sich jeder Diskussionsteilnehmer der Disziplin unterwirft.

Das Blaue-Hut-Denken kann für gelegentliche Einwürfe benutzt werden, die einen Hut erforderlich machen. Blaues-Hut-Denken kann ebenfalls benutzt werden, um eine bis ins einzelne gehende Abfolge von Denkvorgängen festzulegen, die so verbindlich ist wie eine Choreographie für den Tänzer.

Selbst wenn die spezifische Blaue-Hut-Rolle einer einzigen Person übertragen ist, steht es jedermann frei, Blaue-Hut-Kommentare und -Vorschläge vorzubringen.